BIBLIOTHÈQUE NATIONALE

MOLIÈRE

DON JUAN

LES PRÉCIEUSES RIDICULES

PARIS
Librairie de la BIBLIOTHÈQUE NATIONALE
L. BERTHIER, Éditeur
Passage Montesquieu (rue Montesquieu)
PRÈS LE PALAIS-ROYAL

Bibliothèque nationale. — Volumes à ...

CATALOGUE AU 1er JANVIER 1880

Alfieri. De la Tyrannie.... 1
Arioste. Roland furieux.. 6
Beaumarchais. Mémoires.. 5
— Barbier de Séville.. .. 1
— Mariage de Figaro.... 1
Beccaria. Délits et Peines. 1
Bernardin de Saint-Pierre. Paul et Virginie........ 1
Boileau. Satires. Lutrin... 1
— Art poétique. Epîtres.. 1
Bossuet. Oraisons funèbres. 2
— Discours sur l'Histoire universelle........ 3
Boufflers. Œuvres choisies. 1
Brillat-Savarin. Physiologie du Goût............. 2
Byron. Corsaire. Lara, etc. 1
Cazotte. Diable amoureux. 1
Cervantès. Don Quichotte. 4
César. Guerre des Gaules. 1
Chamfort. Œuvres choisies 3
Chapelle et Bachaumont. Voyages amusants...... 1
Cicéron. De la République. 1
— Catilinaires. Discours.. 1
— Discours contre Verrès. 2
— Harangues au Peuple et au Sénat............ 1
Collin-d'Harleville. Le vieux Célibataire.—M. de Crac. 1
Condorcet. Vie de Voltaire. 1
— Progrès de l'Esprit humain................. 2
Corneille. Le Cid. Horace. 1
— Cinna. — Polyeucte.... 1
— Rodogune. Le Menteur. 1
Cornélius Népos. Vies des grands Capitaines, etc. 2
Courier (P.-L.). Chefs-d'œuvre....................... 2
— Lettres d'Italie......... 1
Cyrano de Bergerac. Œuvres 2
D'Alembert. Encyclopédie. 1
— Destruction des Jésuites 1
Dante. L'Enfer............ 2
Démosthène. Philippiques et Olynthiennes........ 1
Descartes. De la Méthode. 1
Desmoulins (Camille). Œuvres 3
Destouches. Le Philosophe marié.—La fausse Agnès 1
Diderot. Neveu de Rameau 1
— Romans et Contes..... 3
— Paradoxe sur le Comédien.................. 1
— Mélanges philosophiques...................... 1
Duclos. Sur les Mœurs.... 1
Dumarsais. Essai sur les Préjugés................ 2
Dupuis. Origine des Cultes 3
Epictète. Maximes.......... 1
Erasme. Eloge de la Folie. 1
Fénelon. Télémaque....... 3
— Education des filles... 1
— Discours à l'Académie. — Dialogues sur l'éloquence.................. 1
Florian. Fables........... 1
— Galatée. — Estelle..... 1
— Gonzalve de Cordoue... 2
Foë. Robinson Crusoé.... 4
Fontenelle. Dialogues des Morts..................... 1
— Pluralité des Mondes.. 1
— Histoire des Oracles... 1
Gilbert. Poésies........... 1
Gœthe. Werther............ 1
— Hermann et Dorothée.. 1
— Faust.................. 1
Goldsmith. Le vicaire de Wakefield............... 2
Gresset. Ver-Vert. Méchant 1
Hamilton. Mémoires du Chevalier de Grammont 2
Helvétius. Traité de l'Esprit 4
Homère. L'Iliade.......... 3
— L'Odyssée............. 3
Horace. Poésies........... 2
Jeudy-Dugour. Cromwell.. 1
Juvénal. Satires........... 1
La Boëtie. Discours sur la Servitude volontaire..... 1
La Bruyère. Caractères... 2

La Fayette (Mme de). La Princesse de Clèves.... 1
La Fontaine. Fables....... 2
— Contes et Nouvelles.... 2
Lamennais. Livre du Peuple 1
— Passé et Avenir du Peuple 1
— Paroles d'un Croyant.. 1
La Rochefoucauld. Maximes 1
Le Sage. Gil Blas.......... 5
— Le Diable boiteux..... 2
— Bachelier de Salamanque 2
— Turcaret. Crispin rival. 1
Linguet. Hist. de la Bastille 1
Longus. Daphnis et Chloé. 1
Lucien. Dialogues des Dieux et des Morts..... 1
Mably. Droits et Devoirs.. 1
— Entretiens de Phocion. 1
Machiavel. Le Prince..... 1
Maistre (X. de). Voyage autour de ma Chambre.... 1
— Prisonniers du Caucase 1
Malherbe. Poésies 1
Marivaux. Théâtre......... 2
Marmontel. Les Incas..... 2
Massillon. Petit Carême... 1
Mercier. Tableau de Paris. 3
— L'An MMCCCCLX......... 3
Milton. Paradis perdu..... 2
Mirabeau. Sa vie, ses Opinions, ses Discours..... 5
Molière. Tartufe, Dépit. 1 v. Don Juan. Précieuses, 1 v; Bourgeois gentilhomme. Comtesse d'Escarbagnas 1 v.; Misanthrope. Femmes savantes, 1 v.; L'Avare. George Dandin, 1 v.; Malade imaginaire. Fourberies de Scapin, 1 v.; L'Etourdi. Sganarelle, 1 v; L'Ecole des Femmes. Critique de l'Ecole des Femmes, 1 v.; Médecin malgré lui. Mariage forcé. Sicilien, 1 v.; Amphitryon. Ecole des Maris, 1 v.; Pourceaugnac. Les Fâcheux. L'Amour méd. 1

Montesquieu. Lettres persanes.................... 2
— Grandeur et Décadence des Romains......... 1
— Le Temple de Gnide... 1
Ovide. Métamorphoses.... 3
Pascal. Pensées.......... 1
— Lettres provinciales... 2
Pigault-Lebrun. Le Citateur 1
Piron. La Métromanie.... 1
Plutarque. Vie de César... 1
— Vie de Pompée. Sertorius 1
— Vies de Démosthène, Cicéron, Caton le Censeur. 1
— Vies de Marcellus, Marius, Sylla.............. 1
Prévost. Manon Lescaut.. 1
Quinte-Curce. Histoire d'Alexandre le Grand...... 3
Rabelais. Œuvres......... 5
Racine. Esther. Athalie... 1
— Phèdre. Britannicus... 1
— Andromaque. Plaideurs 1
— Iphigénie. Mithridate.. 1
— Bérénice. Bajazet...... 1
Regnard. Voyages......... 1
— Le Joueur. Folies...... 1
— Le Légataire universel. 1
Roland (Mme). Mémoires.. 4
Rousseau (J.-J.). Emile, 4 v.; Contrat social, 1 v.; De l'Inégalité, 1 v.; La Nouvelle Héloïse, 5 v.; Confessions 5
Saint-Réal. Don Carlos. Conjuration contre Venise. 1
Salluste. Catilina. Jugurtha 1
Scarron. Roman comique. 3
— Virgile travesti....... 3
Schiller. Les Brigands.... 1
— Guillaume Tell....... 1
Sedaine. Philosophe sans le savoir. La Gageure. 1
Sévigné (Mme de). Lettres choisies................ 2
Shakespeare. Hamlet, 1 v.; Roméo et Juliette, 1 v.; Othello, 1 v.; Macbeth, 1 v.; Le Roi Lear, 1 vol.;

Le Marchand de Venise, 1 vol.; Joyeuses Commères, 1 v.; Le Songe d'une nuit d'été, 1 v.; La Tempête, 1 v.; Vie et Mort de Richard III, 1 vol.; Henri VIII, 1 v.; Beaucoup de bruit pour rien, 1 v.; Jules César....... 1
Sterne. Voyage sentimental 1
— Tristram Shandy 4
Suétone. Douze Césars.... 2
Swift. Voyages de Gulliver 2
Tacite. Mœurs des Germains.................. 1
— Annales. Tibère. 2
Tasse. Jérusalem délivrée. 2
Tassoni. Seau enlevé...... 2
Tite-Live. Hist. de Rome.. 2
Vauban. Dîme royale...... 1
Vauvenargues. Choix...... 1
Virgile. L'Énéide.......... 2
— Bucoliques et Géorgiques...................... 1
Volney. Les Ruines. La Loi naturelle........... 2
Voltaire. Charles XII, 2 v.; Siècle de Louis XIV, 4 v.; Histoire de Russie, 2 v.; Romans, 5 v.; Zaïre, Mérope, 1 v.; Mahomet, Mort de César, 1 v.; La Henriade, 1 v.; Contes en vers et Satires, 1 v.; Traité sur la Tolérance 2
Xénophon. Retraite des Dix Mille 1
— La Cyropédie.......... 2

La **BIBLIOTHÈQUE NATIONALE**, fondée en 1863, dans le but de faire pénétrer, au sein des plus modestes foyers, les œuvres les plus remarquables de toutes les littératures, a publié, jusqu'à ce jour, les principales œuvres de :

Alfieri, Arioste, Bachaumont, Beaumarchais, Beccaria, Bernardin de Saint-Pierre, Boileau, Bossuet, Boufflers, Brillat-Savarin, Byron, Cazotte, Cervantès, César, Chamfort, Chapelle, Cicéron, Collin d'Harleville, Condorcet, Corneille, Cornélius Népos, Courier (Paul-Louis), Cyrano de Bergerac, D'Alembert, Dante, Démosthène, Descartes, Desmoulins (Camille), Destouches, Diderot, Duclos, Dumarsais, Dupuis, Epictète, Érasme, Fénelon, Florian, Foë (de), Fontenelle, Gilbert, Gœthe, Goldsmith, Gresset, Hamilton, Helvétius, Homère, Horace, Jeudy-Dugour, Juvénal, La Boétie, La Bruyère, La Fayette (Mme de), La Fontaine, Lamennais, La Rochefoucauld, Lesage, Linguet, Longus, Lucien, Mably, Machiavel, Maistre (Joseph de), Maistre (Xavier de), Malherbe, Marivaux, Marmontel, Massillon, Mercier, Milton, Mirabeau, Molière, Montesquieu, Ovide, Pascal, Perrault, Pigault-Lebrun, Piron, Plutarque, Prévost, Quinte-Curce, Rabelais, Racine, Regnard, Roland (Mme), Rousseau (J.-J.), Saint-Réal, Salluste, Scarron, Schiller, Sedaine, Sévigné (Mme de), Shakespeare, Sterne, Suétone, Swift, Tacite, Tasse, Tassoni, Tite-Live, Vauban, Vauvenargues, Virgile, Volney, Voltaire, Xénophon.

Voir le Catalogue détaillé dans l'intérieur de la couverture.

Envoi franco du Catalogue

Le vol. broché, 25 c.; relié, 45 c. - Fco, 10 c. en sus par vol.

Adresser les demandes affranchies à M. J. BERTHIER, éditeur
Passage Montesquieu (rue Montesquieu)
Près le Palais-Royal, Paris

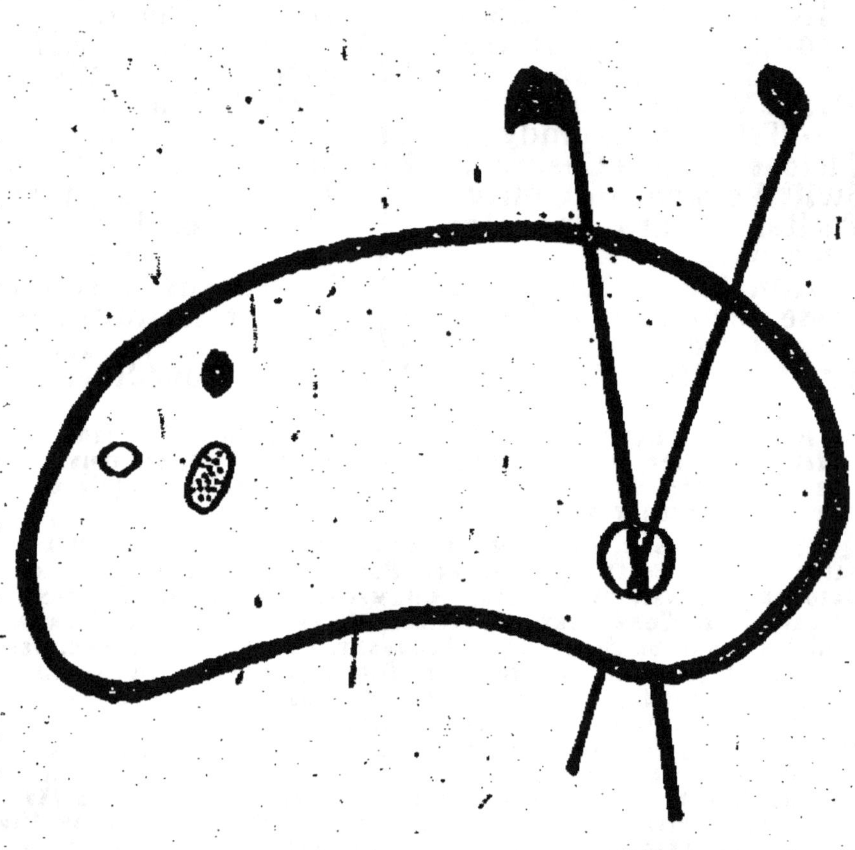

FIN D'UNE SERIE DE DOCUMENTS
EN COULEUR

BIBLIOTHÈQUE NATIONALE

COLLECTION DES MEILLEURS AUTEURS ANCIENS ET MODERNES

THÉATRE

DE

MOLIÈRE

DON JUAN

LES PRÉCIEUSES RIDICULES

PARIS
LIBRAIRIE DE LA BIBLIOTHÈQUE NATIONALE
PASSAGE MONTESQUIEU (RUE MONTESQUIEU)
Près le Palais-Royal

1895

VIE DE MOLIÈRE

PAR VOLTAIRE

Le goût de bien des lecteurs pour les choses frivoles, et l'envie de faire un volume de ce qui ne devrait remplir que peu de pages, sont cause que l'histoire des hommes célèbres est presque toujours gâtée par des détails inutiles et des contes populaires aussi faux qu'insipides. On y ajoute souvent des critiques injustes de leurs ouvrages. C'est ce qui est arrivé dans l'édition de Racine faite à Paris en 1728. On tâchera d'éviter cet écueil dans cette courte histoire de la vie de Molière : on ne dira de sa propre personne que ce qu'on a cru vrai et digne d'être rapporté; et on ne hasardera sur ses ouvrages rien qui soit contraire au sentiment du public éclairé.

JEAN-BAPTISTE POQUELIN naquit à Paris, en 1620 (1), dans une maison qui subsiste encore sous les piliers des Halles. Son père, Jean-Baptiste Poquelin, valet de chambre tapissier chez le roi, marchand fripier, et Anne Boutet, sa mère, lui donnèrent une éducation trop conforme à leur état, auquel ils le destinaient; il resta jusqu'à quatorze ans dans leur boutique, n'ayant rien appris, outre son mé-

(1) La plupart des biographes reproduisent cette date; mais le marquis de Beffara, qui s'est beaucoup occupé des faits relatifs à Molière, en retrouvant l'acte de baptême de l'illustre écrivain, a définitivement consacré la date du 15 janvier 1622.

tier, qu'un peu à lire et à écrire. Ses parents obtinrent pour lui la survivance de leur charge chez le roi; mais son génie l'appelait ailleurs. On a remarqué que presque tous ceux qui se sont fait un nom dans les beaux-Arts les ont cultivés malgré leurs parents, et que la nature a toujours été en eux plus forte que l'éducation.

Poquelin avait un grand-père qui aimait la comédie, et qui le menait quelquefois à l'hôtel de Bourgogne. Le jeune homme sentit bientôt une aversion invincible pour sa profession. Son goût pour l'étude se développa; il pressa son grand-père d'obtenir qu'on le mît au collége, et il arracha le consentement de son père, qui le mit dans une pension, et l'envoya externe aux jésuites, avec la répugnance d'un bourgeois qui croyait la fortune de son fils perdue s'il étudiait.

Le jeune Poquelin fit au collége les progrès qu'on devait attendre de son empressement à y entrer. Il y étudia cinq années; il y suivit le cours des classes d'Armand de Bourbon, premier prince de Conti, qui depuis fut le protecteur des lettres et de Molière.

Il y avait alors dans ce collége deux enfants qui eurent depuis beaucoup de réputation dans le monde. C'étaient Chapelle et Bernier: celui-ci, connu par ses voyages aux Indes; et l'autre, célèbre par quelques vers naturels et aisés, qui lui ont fait d'autant plus de réputation qu'il ne rechercha pas celle d'auteur.

L'Huillier, homme de fortune, prenait un soin singulier de l,éducation du jeune Chapelle, son fils naturel; et, pour lui donner de l'émulation, il faisait étudier le jeune Bernier, dont les parents étaient mal à leur aise. Au lieu même de donner à son fils naturel un précepteur ordinaire et pris au hasard, comme tant de pères en usent avec un fils légitime qui doit porter leur nom, il engagea le célèbre Gassendi à se charger de l'instruire.

Gassendi ayant démêlé de bonne heure le génie de Poquelin, l'associa aux études de Chapelle et de Bernier. Jamais plus illustre maître n'eut de plus dignes disciples. Il leur enseigna la philosophie d'Epicure, qui, quoiqu'aussi fausse que les autres, avait au moins plus de méthode et plus de vraisemblance que celle de l'école, et n'en avait pas la barbarie.

Poquelin continua de s'instruire sous Gassendi. Au sortir du collége, il reçut de ce philosophe les principes d'une morale plus utile que sa physique, et il s'écarta rarement de ces principes dans le cours de sa vie.

Son père étant devenu infirme et incapable de servir, il fut obligé d'exercer les fonctions de son emploi auprès du roi. Il suivit Louis XIII dans Paris. Sa passion pour la comédie, qui l'avait déterminé à faire ses études, se réveilla avec force.

Le théâtre commençait à fleurir alors : cette partie des belles-lettres, si méprisée quand elle est médiocre, contribue à la gloire d'un Etat quand elle est perfectionnée.

Avant l'année 1625, il n'y avait point de comédiens fixes à Paris. Quelques farceurs allaient, comme en Italie, de ville en ville; ils jouaient les pièces de Hardy, de Montchrétien ou de Baltazar Baro. Ces auteurs leur vendaient leurs ouvrages dix écus pièce.

Pierre Corneille tira le théâtre de la barbarie et de l'avilissement vers l'année 1630. Ses premières comédies, qui étaient aussi bonnes pour son siècle qu'elles sont mauvaises pour le nôtre, furent cause qu'une troupe de comédiens s'établit à Paris. Bientôt après, la passion du cardinal de Richelieu pour les spectacles mit le goût de la comédie à la mode; et il y avait plus de sociétés particulières qui représentaient alors, que nous n'en voyons aujourd'hui.

Poquelin s'associa avec quelques jeunes gens qui avaient du talent pour la déclamation; ils jouaient au faubourg Saint-Germain et au quartier Saint-Paul. Cette société éclipsa bientôt toutes les autres; on l'appela *l'illustre théâtre.* On voit par une tragédie de ce temps-là, intitulée *Artaxerxe*, d'un nommé Magnon, et imprimée en 1645, qu'elle fut représentée sur l'illustre théâtre.

Ce fut alors que Poquelin, sentant son génie, se résolut de s'y livrer tout entier, d'être à la fois comédien et auteur, et de tirer de ses talents de l'utilité et de la gloire.

On sait que, chez les Athéniens, les auteurs jouaient souvent dans leurs pièces, et qu'ils n'étaient point déshonorés pour parler avec grâce au public devant leurs concitoyens. Il fut plus encouragé par cette idée que retenu par les préjugés de son siècle. Il prit le nom de *Molière*, et il ne fit, en changeant de nom, que suivre l'exemple des comédiens d'Italie et de ceux de l'hôtel de Bourgogne. L'un, dont le nom de famille était Le Grand, s'appelait Belleville dans la tragédie, et Turlupin dans la farce; d'où vient le mot *turlupinade*. Hugues Guéret était connu dans les pièces sérieuses sous le nom de Fléchelles; dans la farce il jouait toujours un certain rôle qu'on appelait Gautier-Garguille. De même Arlequin et Scaramouche n'étaient connus que sous ce nom de théâtre. Il y avait déjà eu un comédien appelé Molière, auteur de la tragédie de *Polixène*.

Le nouveau Molière fut ignoré pendant tout le temps que durèrent les guerres civiles en France : il employa ses années à cultiver son talent et à préparer quelques pièces. Il avait fait un recueil de scènes italiennes, dont il faisait des petites comédies pour les provinces. Ces premiers essais très informes tenaient plus du mauvais théâtre italien où il les avait pris, que de son génie, qui n'avait pas eu encore l'occasion de se développer tout entier. Le génie s'étend et se resserre par tout ce qui nous environne. Il fit donc pour la province *le Docteur amoureux*, *les trois Docteurs rivaux*, *le Maître d'école*, ouvrages dont il ne reste que le titre. Quelques curieux ont conservé deux pièces de Molière dans ce genre ; l'une est *le Médecin volant*, et l'autre *la Jalousie de Barbouillé*. Elles sont en prose et écrites en entier. Il y a quelques phrases et quelques incidents de la première qui nous sont conservés dans le *Médecin malgré lui;* et on trouve dans la *Jalousie de Barbouillé*, un canevas quoique informe, du troisième acte de *Georges Dandin.*

La première pièce régulière en cinq actes qu'il composa fut *l'Etourdi.* Il représenta cette comédie à Lyon, en 1653. Il y avait dans cette ville une troupe de comédiens de campagne qui fut abandonnée dès que celle de Molière parut.

Quelques acteurs de cette ancienne troupe se joignirent à Molière; et il partit de Lyon pour les états de Languedoc avec une troupe assez complète, composée principalement de deux frères nommés Gros-René, de Duparc, d'un pâtissier de la rue Saint-Honoré, de la Duparc, de la Béjart et de la Brie.

Le prince de Conti, qui tenait les états de Languedoc à Béziers, se souvint de Molière, qu'il avait vu au collége: il lui donna une protection distinguée. Il joua devant lui *l'Etourdi, le Dépit amoureux* et *les Précieuses ridicules.*

Cette petite pièce des *Précieuses*, faite en province, prouve assez que son auteur n'avait eu en vue que les ridicules des provinciales; mais il se trouva depuis que l'ouvrage pouvait corriger et la cour et la ville.

Molière avait alors trente-quatre ans; c'est l'âge où Corneille fit le Cid. Il est bien difficile de réussir avant cet âge dans le genre dramatique, qui exige la connaissance du monde et du cœur humain.

On prétend que le prince de Conti voulut

alors faire Molière son secrétaire et qu'heureusement pour la gloire du Théâtre-Français, Molière eut le courage de préférer son talent à un poste honorable. Si ce fait est vrai, il fait également honneur au prince et au comédien.

Après avoir couru quelque temps toutes les provinces, et avoir joué à Grenoble, à Lyon, à Rouen, il vint enfin à Paris, en 1658. Le prince de Conti lui donna accès auprès de Monsieur, frère unique du roi Louis XIV. Monsieur le présenta au roi et à la reine-mère. Sa troupe et lui représentèrent, la même année, devant Leurs Majestés la tragédie de *Nicomède* sur un théâtre élevé par ordre du roi dans la salle des gardes du vieux Louvre.

Il y avait depuis quelque temps des comédiens établis à l'hôtel de Bourgogne. Ces comédiens assistèrent au début de la nouvelle troupe. Molière, après la représentation de Nicomède, s'avança sur le bord du théâtre, et prit la liberté de faire au roi un discours par lequel il remerciait Sa Majesté de son indulgence, et louait adroitement les comédiens de l'hôtel de Bourgogne, dont il devait craindre la jalousie : il finit en demandant la permission de donner une pièce d'un acte qu'il avait jouée en province.

La mode de représenter ces petites farces après de grandes pièces était perdue à l'hôtel de Bourgogne. Le roi agréa l'offre de Molière, et l'on joua dans l'instant *le Docteur amoureux*. Depuis ce temps, l'usage a toujours continué de donner de ces pièces d'un acte, ou de trois après les pièces de cinq.

On permit à la troupe de Molière de s'établir à Paris. Ils s'y fixèrent, et partagèrent le théâtre du petit Bourbon avec les comédiens italiens, qui en étaient en possession depuis quelques années.

La troupe de Molière jouait sur le théâtre les mardis, les jeudis et les samedis, les Italiens les autres jours.

La troupe de l'hôtel de Bourgogne ne jouait aussi que trois fois la semaine, excepté lorsqu'il y avait des pièces nouvelles.

Dès lors, la troupe de Molière prit le titre de la *troupe de Monsieur*, qui était son protecteur. Deux ans après, en 1660, il leur accorda la salle du Palais-Royal. Le cardinal de Richelieu l'avait fait bâtir pour la représentation de *Mirame*, tragédie dans laquelle ce ministre avait composé plus de cinq cents vers. Cette salle est aussi mal construite que la pièce pour laquelle elle fut bâtie; et je suis obligé de remarquer, à cette occasion, que nous n'avons aujourd'hui aucun théâtre supportable; c'est une barbarie gothique que les Italiens nous reprochent avec raison. Les bonnes pièces sont en France, et les belles salles en Italie.

La troupe de Molière eut la jouissance de cette salle jusqu'à la mort de son chef. Elle fut alors accordée à ceux qui eurent le privilége de l'opéra, quoique ce vaisseau fût moins propre encore pour le chant que pour la déclamation.

Depuis l'an 1658 jusqu'en 1673, c'est-à-dire en quinze années de temps, il donna toutes ses pièces, qui sont au nombre de trente. Il voulut jouer dans le tragique: mais il n'y réussit pas: il avait une volubilité dans la voix, et une espèce de hoquet qui ne pouvait convenir au genre sérieux, mais qui rendait son jeu comique plus plaisant. La femme d'un des meilleurs comédiens que nous ayons eus a donné ce portrait-ci de Molière :

« Il n'était ni trop gras ni trop maigre; il avait la taille plus grande que petite, le port noble, la jambe belle; il marchait gravement, avait l'air très sérieux, le nez gros, la bouche grande, les lèvres épaisses, le teint brun, les sourcils noirs et forts, et les divers mouvements qu'il leur donnait lui rendaient la physionomie extrêmement comique. A l'égard de son caractère, il était doux, complaisant, généreux; il aimait fort à haranguer et quand il lisait ses pièces aux comédiens, il voulait qu'ils y amenassent leurs enfants pour tirer des conjectures de leurs mouvements naturels. »

Molière se fit dans Paris un très-grand nombre de partisans, et presqu'autant d'ennemis. Il accoutuma le public, en lui faisant connaître la bonne comédie, à le juger lui-même très sévèrement. Les mêmes spectateurs qui applaudissaient aux pièces médiocres des autres auteurs relevaient les moindres défauts de Molière avec aigreur. Les hommes jugent de nous par l'attente qu'ils en ont conçue, et le moindre défaut d'un auteur célèbre, joint avec les malignités du public, suffit pour faire tomber un bon ouvrage. Voilà pourquoi *Britannicus* et *les Plaideurs* de M. Racine furent si mal reçus; voilà pourquoi *l'Avare, le Misanthrope, les Femmes savantes, l'Ecole des femmes,* n'eurent d'abord aucun succès.

Louis XIV, qui avait un goût naturel et l'esprit très juste, sans l'avoir cultivé, ramena souvent par son approbation la cour et la ville aux pièces de Molière. Il eût été plus honorable pour la nation de n'avoir pas besoin des décisions de son maître pour bien juger. Molière eut des ennemis cruels, surtout les mauvais auteurs du temps, leurs protecteurs et leurs cabales : ils suscitèrent contre lui les dévots ; on lui imputa des livres scandaleux; on l'accusa d'avoir joué des hommes puissants, tandis qu'il n'avait joué que les vices en général ; et il eût succombé sous ces accusations, si ce même roi qui encouragea et qui soutint Racine et Despréaux n'eût pas aussi protégé Molière.

Il n'eut, à la vérité, qu'une pension de mille livres, et sa troupe n'en eut qu'une de sept. La fortune qu'il fit par le succès de ses ouvrages le mit en état de n'avoir rien à souhaiter : ce qu'il retirait du théâtre, avec ce qu'il avait placé, allait à trente mille livres de rente; somme qui, en ce temps-là, faisait presque le double de la valeur réelle de pareille somme d'aujourd'hui.

Le crédit qu'il avait auprès du roi paraît assez par le canonicat qu'il obtint pour le fils de son médecin. Ce médecin s'appelait Mauvilain. Tout le monde sait qu'étant un jour au dîner du roi : « Vous avez un médecin, dit le roi à Molière; que vous fait-il? — Sire, répondit Molière, nous causons ensemble : il m'ordonne des remèdes; je ne les fais point, et je guéris. »

Il faisait de son bien un usage noble et sage : il recevait chez lui les hommes de la meilleure compagnie, les Chapelle, les Jonsac, les Desbarreaux, etc., qui joignaient la volupté et la philosophie. Il avait une maison de campagne à Auteuil, où il se délassait souvent avec eux des fatigues de sa profession, qui sont bien plus grandes qu'on ne pense. Le maréchal de Vivonne, connu par son esprit et par son amitié pour Despréaux, allait souvent chez Molière, et vivait avec lui comme Lélius avec Térence. Le grand Condé exigeait de lui qu'il le vînt voir souvent, et disait qu'il trouvait toujours à apprendre dans sa conversation.

Molière employait une partie de son revenu en libéralités qui allaient beaucoup plus loin que ce qu'on appelle dans d'autres hommes des charités. Il encourageait souvent par des présents considérables de jeunes auteurs qui marquaient du talent : c'est peut-être à Molière que la France doit Racine. Il engagea le jeune Racine, qui sortait du Port-Royal, à travailler pour le théâtre dès l'âge de dix-neuf ans. Il lui fit composer la tragédie de *Théagène et Chariclée;* et quoique cette pièce fût trop faible pour être jouée, il fit présent au jeune auteur de cent louis, et lui donna le plan des *Frères ennemis*.

Il n'est peut être pas inutile de dire qu'environ dans le même temps, c'est-à-dire en 1661, Racine ayant fait une ode sur le mariage de Louis XIV, M. Colbert lui envoya cent louis au nom du roi.

Il est très triste pour l'honneur des lettres, que Molière et Racine aient été brouillés depuis : de si grands génies, dont l'un avait été le bienfaiteur de l'autre, devaient être toujours amis.

Il éleva et il forma un autre homme qui, par la supériorité de ses talents et par les dons singuliers qu'il avait reçus de la nature, mérite d'être connu par la postérité ; c'était le comédien Baron, qui a été unique dans la tragédie et dans la comédie. Molière en prit soin comme de son propre fils.

Un jour, Baron vint lui annoncer qu'un comédien de campagne, que la pauvreté empêchait de se présenter, lui demandait quelque léger secours pour aller joindre sa troupe. Molière ayant su que c'était un nommé Mondorge, qui avait été son camarade, demanda à Baron combien il croyait qu'il fallait lui donner ; celui-ci répondit au hasard : — « Quatre pistoles. — Donnez-lui quatre pistoles pour moi, lui dit Molière ; en voilà vingt qu'il faut que vous lui donniez pour vous. » Et il joignit à ce présent celui d'un habit magnifique. Ce sont de petits faits, mais ils peignent le caractère.

Un autre trait mérite plus d'être rapporté.

Il venait de donner l'aumône à un pauvre. Un instant après, le pauvre court après lui, et lui dit : « Monsieur, vous n'aviez peut-être pas dessein de me donner un louis d'or, je viens vous le rendre. — Tiens, mon ami, dit Molière, en voilà un autre. » Et il s'écria : « Où la vertu va-t-elle se nicher! » Exclamation qui peut faire voir qu'il réfléchissait sur tout ce qui se présentait à lui, et qu'il étudiait partout la nature en homme qui la voulait peindre.

Molière, heureux par ses succès et par ses protecteurs, par ses amis et par sa fortune, ne le fut pas dans sa maison. Il avait épousé en 1661 une jeune fille née de la Béjart et d'un gentilhomme nommé Modène. On disait que Molière en était le père : le soin avec lequel on avait répandu cette calomnie fit que plusieurs personnes prirent celui de la réfuter; on prouva que Molière n'avait connu la mère qu'après la naissance de cette fille.

La disproportion d'âge et les dangers auxquels une comédienne jeune et belle est exposée rendirent ce mariage malheureux; et Molière, tout philosophe qu'il était d'ailleurs, essuya dans son domestique les dégoûts, les amertumes, et quelquefois les ridicules qu'il avait si souvent joués sur le théâtre. Tant il est vrai que les hommes qui sont au-dessus des autres par les talents s'en rapprochent presque toujours par les faiblesses! Car pourquoi les talents nous mettraient-ils au-dessus de l'humanité?

La dernière pièce qu'il composa fut le *Ma-*

lade imaginaire. Il y avait quelque temps que sa poitrine était attaquée et qu'il crachait quelquefois du sang. Le jour de la troisième représentation, il se sentit plus incommodé qu'auparavant : on lui conseilla de ne point jouer ; mais il voulut faire un effort sur lui-même ; et cet effort lui coûta la vie.

Il lui prit une convulsion en prononçant *juro* dans le divertissement de la réception du malade imaginaire. On le rapporta mourant chez lui, rue de Richelieu. Il fut assisté quelques moments par deux de ces sœurs religieuses qui viennent quêter à Paris pendant le carême, et qui logeaient chez lui. Il mourut entre leurs bras, étouffé par le sang qui sortait par la bouche, le 17 février 1673, âgé de cinquante-trois ans. Il ne laissa qu'une fille, qui avait beaucoup d'esprit. Sa veuve épousa un comédien nommé Guérin.

Le malheur qu'il avait eu de ne pouvoir mourir avec les secours de la religion, et la prévention contre la comédie, déterminèrent M. de Harlay de Champvalon, archevêque de Paris, si connu par ses intrigues galantes, à refuser la sépulture à Molière. Le roi le regrettait ; et ce monarque, dont il avait été le domestique et le pensionnaire, eut la bonté de prier l'archevêque de Paris de le faire inhumer dans une église. Le curé de Saint-Eustache, sa paroisse, ne voulut pas s'en charger. La populace, qui ne connaissait dans Molière que le comédien, et qui ignorait qu'il avait été un excellent auteur, un philosophe, un grand homme en son genre, s'attroupa en foule à la porte de sa maison le jour du convoi : sa veuve fut obligée de jeter de l'argent par les fenêtres; et ces misérables, qui auraient, sans savoir pourquoi, troublé l'enterrement, accompagnèrent le corps avec respect.

La difficulté qu'on fit de lui donner la sépulture, et les injustices qu'il avait essuyées pendant sa vie engagèrent le fameux P. Bouhours à composer cette espèce d'épitaphe qui, de toutes celles qu'on fit pour Molière, est la seule qui mérite d'être rapportée, et la seule qui ne soit pas dans cette fausse et mauvaise histoire qu'on a mise jusqu'ici au devant de ses ouvrages.

Tu réformas et la ville et la cour;
Mais quelle en fut la récompense?
Les Français rougiront un jour
De leur peu de reconnaissance.
Il leur fallut un comédien
Qui mit à les polir sa gloire et son étude:
Mais, Molière, à ta gloire il ne manquerait rien,
Si, parmi les défauts que tu peignis si bien,
Tu les avais repris de leur ingratitude.

Non-seulement j'ai omis dans cette vie de Molière les contes populaires touchant Chapelle et ses amis, mais je me sens obligé de dire que ces contes, adoptés par Grimarest, sont très faux. Le feu duc de Sully, le dernier prince de Vendôme, l'abbé de Chaulieu, qui avaient beaucoup vécu avec Chapelle, m'ont assuré que toutes ces historiettes ne méritaient aucune créance.

AVERTISSEMENT

Le Don Juan de Molière, dans lequel se trouve en germe *le Tartufe*, n'a pu réunir en aucun temps les suffrages des critiques de profession, ce qui n'est pas à nos yeux une raison suffisante pour ne pas le remettre au jour une fois de plus. Il ne nous paraît pas utile d'examiner ici les causes prétendues de l'insuccès de cette œuvre neuve au théâtre du dix-septième siècle, qui mériterait à coup sûr d'être plutôt nommée drame que comédie. Ce serait une impardonnable puérilité, dans laquelle nous ne voulons pas tomber, que d'attribuer le peu de retentissement du *Don Juan* à la prose dont Molière s'est servi pour mettre à la scène *el Convivado de piedra* de Tirso de Molina, comme si *l'Avare, le Bourgeois gentilhomme* et *le Malade imaginaire* n'étaient pas d'assez victorieuses réponses aux admirateurs quand même de l'alexandrin appliqué au théâtre.

Le public du temps avait vu accommoder à toutes les scènes la pièce espagnole; il y avait pris plaisir, ne se préoccupant guère des hauts cris poussés par les orfraies de la tradition vis-à-vis de ce qu'ils appelaient « un monstrueux mélange de bouffonneries et de réflexions religieuses. » Le goût du fantastique, le plus légitime de tous les goûts, était amplement satisfait par cet ouvrage : une statue qui parle et qui marche, des flammes dévorantes, un abîme ouvert sous les pas d'un scélérat théoricien d'athéisme, il y avait place pour toutes les émotions. Aussi les auteurs dramatiques se jetèrent-ils avec ardeur sur cet étrange sujet qui avait le mérite d'ouvrir au théâtre des horizons nouveaux.

Molière, sollicité par les comédiens de sa troupe, enhardi par le succès de la pièce espagnole jouée par les Italiens et sur tous les théâtres de Paris, n'hésita pas à entrer en lice en y apportant ses qualités particulières d'observation, en créant cette originale scène *du pauvre*, qui eut le don d'attirer sur l'œuvre *un ouragan confus de dévotes clameurs;* cette définition audacieuse de l'hypocrisie, qui devait préparer les esprits à la création bien autrement puissante du *Tartufe.*

Don Juan a passé à travers les âges, escorté de récriminations de toute nature, comme en rencontrent inévitablement les œuvres des hommes de génie qui ont le malheur de heurter en quelque point les idées reçues. On savait que *le Tartufe* était sur le point de sortir tout armé du cerveau de Molière ; il y avait urgence à saisir l'opinion publique du danger que contenait ce chef-d'œuvre ; ce fut sur *Don Juan* que s'essayèrent les ennemis de l'illustre écrivain, et dès la seconde représentation, les scènes étaient modifiées, retranchées, à ce point que l'auteur ne fit pas imprimer sa pièce, et qu'on la trouve pour la première fois dans l'édition posthume de 1682 (1), non pas sans doute comme l'insinue une édition de 1778, parce que Molière se jugea lui-même indigne de la publicité, mais parce qu'il avait assez le sentiment de sa dignité pour ne pas laisser paraître une œuvre tronquée, qui n'avait point mérité ce jugement sommaire, heureusement frappé d'appel.

Un sieur de Rochemont lança contre *le Festin de pierre* (ou plutôt *le Convive de pierre*, pour traduire exactement) un odieux libelle sous le titre d'*Observations;* il s'y plaignait de « la dérision qu'on fait de *tant de bons pasteurs que l'on fait passer pour des tartufes;* » Molière y était montré au doigt comme un diable incarné ; le pamphlétaire menaçait l'auteur dramatique du déluge, de la peste, de la famine, si la sagesse de Louis XIV ne mettait un frein à l'impiété. Malgré d'éclatantes protections qui lançaient en avant le Rochemont, Louis XIV eut le bon esprit de continuer à Molière la faveur dont il lui avait déjà donné tant de preuves, et qu'il devait pousser, après bien des hésitations, jusqu'à permettre enfin la représentation du *Tartufe.*

Grâce aux retranchements dont nous avons parlé plus haut, le *Don Juan* put se soutenir quelque temps, mais ne tarda pas à disparaître, cédant à jamais la place à la comédie du même

(1) On ne la retrouve plus dans les éditions postérieures : celle de 1710 (A. Delaulne, 8 vol. in-12), parait avoir servi de texte aux innombrables éditions qui lui ont succédé On trouvera au bas de la page contenant la scène rétablie, la très courte scène qu'on a substituée à celle du maître.

titre, jouée en 1659, et due à de Villiers, acteur du théâtre de l'Hôtel de Bourgogne, que les contemporains préférèrent à celle de Molière. Et ce fut le sentiment des générations qui suivirent (1), et l'on vit, ô comble de misère ! la prose nerveuse du grand écrivain étouffée sous la paraphrase versifiée de l'honnête et médiocre Thomas Corneille, devenue désormais la loi et les prophètes pour les comédiens français, en dépit de la tentative d'un intelligent comédien de l'Odéon, qui eut de nos jours le pouvoir de faire remettre à la scène l'œuvre de Molière, jusques et y compris les passages qui n'existaient plus dans la plupart des éditions qui ont succédé à celle de 1682. Ce retour au bon sens, cette réhabilitation de Molière, ne furent qu'un éclair ; mais il y a là, selon nous, un devoir de reconnaissance à remplir envers un artiste oublié, Robert Kemp ; ce nom rappellera un service rendu à l'art dramatique, c'est pourquoi nous l'avons consigné dans ces pages. Le vers de La Fontaine aura toujours le même à-propos :

On a souvent besoin d'un plus petit que soi.

Un mot maintenant sur notre édition. Nous avions avant tout le projet de rétablir le texte dans son intégrité ; ce n'était que la plus élé-

(1) L'abbé Terrasson (*Philosophie de l'Esprit*, p. 180) dit que « rien n'est plus funeste à la morale que des pièces de théâtre telles que le *Festin de Pierre*, où un méchant homme n'est puni qu'après avoir porté le vice et le crime à un point où personne ne veut aller, et auquel même n'arrivent que très peu de scélé-

mentaire de nos obligations; aussi avons-nous confronté la plupart des éditions de Molière avant de remonter à la source première. Nos recherches nous ont mis sous les yeux de bien étranges choses, et nous avons plus d'une fois bondi d'horreur devant le spectacle des mutilations, des variantes sans nombre dont les comédies du grand homme avaient été tour à tour le triste objet. En cherchant une leçon originale du texte de *Don Juan*, nous apprîmes d'un des libraires les plus versés dans la bibliographie théâtrale, M. N. Tresse, que la fameuse scène *du pauvre* ne se trouvait plus, surtout à partir de 1815.

Ce fut une révélation, et grâce à ce fil conducteur, nous pouvons tout particulièrement signaler à la vindicte des bibliophiles convaincus, dont nous tenons à honneur de faire humblement partie, une certaine édition in-18 des *Œuvres de Molière*, publiée en 1816 par Adrien Egron, imprimeur de Son Altesse Sérénissime Monseigneur, duc d'Angoulême, où les falsifications les plus audacieuses s'étalent effrontément sans contrôle, sans correctif, sans explication d'aucune sorte.

Cela nous remit en mémoire une autre édition des *Œuvres de Molière*, publiée à Amsterdam chez Jacques Le Jeune, dans laquelle on trouve imprimé sous le nom de Molière le

rais. » On pensait alors que la comédie doit s'en tenir à la peinture du vice et du ridicule, et doit abandonner le crime à la vigilance des lois pénales. — Notre théâtre a fait dans cette dernière voie bien des échappées en vue de la destruction de cette manière d'envisager le but d'une action dramatique.

Festin de Pierre, ou l'*Athée foudroyé*, tragi-comédie en vers, et qui n'est autre chose que la pièce de Villiers, dont on avait enlevé la dédicace à Pierre Corneille, pour l'attribuer à l'illustre auteur du *Tartufe*. Jacques Le Jeune et A. Egron se rencontraient à plus de cent ans de distance travaillant à nous faire un Molière de fantaisie qui eût aux Saumaises futurs préparé une rude besogne si l'on s'en fût aveuglément rapporté à ces ingénieux bibliopoles. Nous avons préféré suivre les exemples des Didot et des Lefèvre; nos lecteurs n'ont pas à nous savoir gré de ce qui n'est que le plus strict de nos devoirs. Et maintenant place à Molière! place au *Don Juan* qui a ouvert la voie à Mozart et à Byron!

N. DAVID.

DON JUAN

OU

LE FESTIN DE PIERRE

COMEDIE EN CINQ ACTES

Représentée sur le théâtre du Palais-Royal, le 15 février 1665.

PERSONNAGES

DON JUAN, fils de Don Louis.
ELVIRE, femme de Don Juan.
DON CARLOS, DON ALONSE, } frères d'Elvire
DON LOUIS, père de Don Juan.
FRANCISQUE, pauvre.
CHARLOTTE, MATHURINE, } paysannes.
PIERROT, paysan.
LA STATUE DU COMMANDEUR.
GUSMAN, écuyer d'Elvire.
SGANARELLE, LA VIOLETTE, RAGOTIN, } valets de Don Juan.
Monsieur DIMANCHE, marchand.
SUITE DE DON JUAN.
SUITE DE DON CARLOS ET DE DON ALONSE.
LA RAMÉE, spadassin.
UN SPECTRE.

La Scène est en Sicile.

DON JUAN

OU

LE FESTIN DE PIERRE

ACTE PREMIER

Le théâtre représente un palais.

SCÈNE PREMIÈRE

SGANARELLE, GUSMAN.

SGANARELLE, *tenant une tabatière.*

Quoi que puisse dire Aristote et toute la philosophie, il n'est rien d'égal au tabac : c'est la passion des honnêtes gens, et qui vit sans tabac n'est pas digne de vivre. Non-seulement il réjouit et purge les cerveaux humains, mais encore il instruit les âmes à la vertu, et l'on apprend avec lui à devenir honnête homme. Ne voyez-vous pas bien, dès qu'on en prend, de quelle manière obligeante on en use avec tout le monde, et comme on est ravi d'en donner a droit (1) et à gauche,

(1) On disait *à droit* et non *à droits* (voir le *Dictionnaire de l'Académie*, éd. de 1694).

partout où l'on se trouve? On n'attend pas même que l'on en demande, et l'on court au-devant du souhait des gens; tant il est vrai que le tabac inspire des sentiments d'honneur et de vertu à tous ceux qui en prennent. Mais c'est assez de cette matière, reprenons un peu notre discours. Si bien donc, cher Gusman, que Done Elvire, ta maîtresse, surprise de notre départ, s'est mise en campagne après nous, et son cœur, que mon maître a su toucher trop fortement, n'a pu vivre, dis-tu, sans le venir chercher ici. Veux-tu qu'entre nous je te dise ma pensée? J'ai peur qu'elle ne soit mal payée de son amour, que son voyage en cette ville ne produise peu de fruit, et que vous n'eussiez autant gagné à ne bouger de là.

GUSMAN.

Et la raison encore? Dis-moi, je te prie, Sganarelle, qui peut t'inspirer une peur d'un si mauvais augure! Ton maître t'a-t-il ouvert son cœur là-dessus, et t'a-t-il dit qu'il eût pour nous quelque froideur qui l'ait obligé à partir?

SGANARELLE.

Non pas; mais à vue de pays, je connais à peu près le train des choses, et, sans qu'il m'ait encore rien dit, je gagerais presque que l'affaire va là. Je pourrais peut-être me tromper; mais enfin, sur de tels sujets, l'expérience m'a pu donner quelques lumières.

GUSMAN.

Quoi, ce départ si peu prévu serait une infidélité de Don Juan? Il pourrait faire cette injure aux chastes feux de Done Elvire?

SGANARELLE.

Non; c'est qu'il est jeune encore, et qu'il n'a pas le courage!...

GUSMAN.

Un homme de sa qualité ferait une action si lâche?

SGANARELLE.

Hé, oui, sa qualité! La raison en est belle; et c'est par là qu'il s'empêcherait des choses...

GUSMAN.

Mais les saints nœuds du mariage le tiennent engagé.

SGANARELLE.

Hé, mon pauvre Gusman, mon ami, tu ne sais pas encore, crois-moi, quel homme est Don Juan.

GUSMAN.

Je ne sais pas, de vrai, quel homme il peut être, s'il faut qu'il nous ait fait cette perfidie; et je ne comprends point, comme, après tant d'amour et tant d'impatience témoignée, tant d'hommages pressants, de vœux, de soupirs et de larmes, tant de lettres passionnées, de protestations ardentes, et de serments réitérés, tant de transports enfin, et tant d'emportements qu'il a fait paraître, jusqu'à forcer, dans sa passion, l'obstacle sacré d'un couvent, pour mettre Done Elvire en sa puissance; je ne comprends pas, dis-je, comme après tout cela, il aurait le cœur de pouvoir manquer à sa parole.

SGANARELLE.

Je n'ai pas grande peine à le comprendre, moi, et si tu connaissais le pèlerin, tu trouverais la chose assez facile; pour lui, je ne dis pas qu'il ait changé de sentiments pour Done Elvire, je n'en ai point de certitude encore. Tu sais que, par son ordre, je partis avant lui, et, depuis son arrivée, il ne m'a point entretenu; mais, par précaution, je t'apprends *inter nos*, que tu vois en Don Juan mon maître, le plus grand scélérat que la terre ait jamais porté, un enragé, un chien, un diable, un turc, un hérétique qui ne croit ni ciel, ni saint, ni Dieu, ni loup-garou, qui passe cette vie en véritable bête brute, un pourceau d'Épicure, un vrai sardanapale, qui ferme l'oreille à toutes les remontrances chrétiennes qu'on lui peut faire, et traite de billevesées tout ce que nous croyons. Tu me dis qu'il a épousé ta maîtresse; crois qu'il aurait plus fait pour sa passion, et qu'avec elle il aurait encore épousé, toi, son chien et son chat. Un mariage ne lui coûte rien à contracter; il ne se sert point d'autres piéges pour attraper les belles, et c'est un épouseur à toutes mains. Dame, Demoiselle, Bourgeoise, Paysanne, il ne trouve rien de trop chaud, ni de trop froid pour lui; et, si je te disais le nom de toutes celles qu'il a épousées en divers lieux, ce serait un chapitre à durer jusqu'au soir. Tu demeures surpris et changes de couleur à ce discours; ce n'est là qu'une ébauche du personnage; et, pour en achever le portrait, il faudrait bien d'autres coups de pinceau. Suffit qu'il faut que le courroux du ciel l'accable quelque jour; qu'il me faudrait bien mieux d'être au diable que d'être à lui, et qu'il me fait voir tant d'horreurs, que je souhaiterais qu'il fût déjà je ne sais où; mais un grand Seigneur méchant homme est une terrible chose; il faut que je lui sois fidèle en dépit que j'en aie; la crainte en moi fait l'office du zèle, bride mes sentiments, et me réduit d'applaudir bien souvent à ce que mon âme déteste. Le voilà qui vient se promener dans ce palais, séparons-nous. Écoute au moins; je te fais cette confidence avec franchise, et cela m'est sorti un peu bien vite de la bouche; mais, s'il fallait qu'il en vînt quelque chose à ses oreilles, je dirais hautement que tu aurais menti.

SCÈNE II

DON JUAN, SGANARELLE.

DON JUAN.

Quel homme te parlait là? Il a bien de l'air, ce me semble, du bon Gusman de Done Elvire?

SGANARELLE.

C'est quelque chose aussi à peu près de cela.

DON JUAN.

Quoi, c'est lui?

SGANARELLE.

Lui-même

DON JUAN.

Et depuis quand est-il en cette ville?

SGANARELLE.

D'hier au soir.

DON JUAN.

Et quel sujet l'amène?

SGANARELLE.

Je crois que vous jugez assez ce qui le peut inquiéter.

DON JUAN.

Notre départ sans doute?

SGANARELLE.

Le bonhomme en est tout mortifié, et m'en demandait le sujet.

DON JUAN.

Et quelle réponse as-tu faite?

SGANARELLE.

Que vous ne m'en aviez rien dit.

DON JUAN.

Mais encore, quelle est ta pensée là-dessus? Que t'imagines-tu de cette affaire?

SGANARELLE.

Moi? je crois, sans vous faire tort, que vous avez quelque nouvel amour en tête.

DON JUAN.

Tu le crois?

SGANARELLE.

Oui.

DON JUAN.

Ma foi, tu ne te trompes pas, et je dois t'avouer qu'un autre objet a chassé Elvire de ma pensée.

SGANARELLE.

Hé! mon Dieu! Je sais mon Don Juan sur le bout du doigt, et connais votre cœur pour le plus grand coureur du monde; il se plaît à se promener de liens en liens, et n'aime guère à demeurer en place.

DON JUAN.

Et ne trouves-tu pas, dis-moi, que j'ai raison d'en user de la sorte?

SGANARELLE.

Hé, monsieur...

DON JUAN.

Quoi! Parle?

SGANARELLE.

Assurément que vous avez raison, si vous le voulez, on ne peut pas aller là contre. Mais, si vous ne le vouliez pas, ce serait peut-être une autre affaire.

DON JUAN.

Hé bien, je te donne la liberté de parler et de me dire tes sentiments.

SGANARELLE.

En ce cas, monsieur, je vous dirai franchement que je n'approuve point votre méthode. et que je trouve fort vilain d'aimer de tous côtés comme vous faites.

DON JUAN.

Quoi? Tu veux qu'on se lie à demeurer au premier objet qui nous prend, qu'on renonce au monde pour lui, et qu'on n'ait plus d'yeux pour personne? La belle chose de vouloir se piquer d'un faux honneur d'être fidèle, de s'ensevelir pour toujours dans une passion, et d'être mort dès sa jeunesse à toutes les autres beautés qui nous peuvent frapper les yeux! Non, non, la constance n'est bonne que pour des ridicules; toutes les belles ont droit de nous charmer, et l'avantage d'être rencontrée la première ne doit point dérober aux autres les justes prétentions qu'elles ont toutes sur nos cœurs. Pour moi, la beauté me ravit partout où je la trouve, et je cède facilement à cette douce violence dont elle nous entraîne. J'ai beau être engagé, l'amour que j'ai pour une belle n'engage point mon âme à faire injustice aux autres; je conserve des yeux pour voir le mérite de toutes, et rends a chacune les hommages et les tributs où la nature nous oblige. Quoi qu'il en soit, je ne puis refuser mon cœur à tout ce que je vois d'aimable; et dès qu'un beau visage me le demande, si j'en avais dix mille, je les donnerais tous. Les inclinations naissantes, après tout, ont des charmes inexplicables, et tout le plaisir de l'amour est dans le changement. On goûte une douceur extrême à réduire, par cent hommages, le cœur d'une jeune beauté, à voir de jour en jour les petits progrès qu'on y fait, à combattre par des transports, par des larmes et des soupirs, l'innocente pudeur d'une âme qui a peine à rendre les armes, à forcer pied à pied toutes les petites résistances qu'elle nous oppose, à vaincre les scrupules dont elle se fait un honneur, et à la mener doucement où nous avons envie de la faire venir. Mais lorsqu'on en est maître une fois, il n'y a plus rien à souhaiter; tout le beau de la passion est fini, et nous nous endormons dans la tranquillité d'un tel amour, si quelque objet nouveau ne vient réveiller nos désirs, et présenter à notre cœur les charmes attrayants d'une conquête à faire. Enfin, il n'est rien de si doux que de triompher de la résistance d'une belle personne; et j'ai, sur ce sujet, l'ambition des conquérants, qui volent perpétuellement de victoire en victoire, et ne peuvent se résoudre à borner leurs souhaits. Il n'est rien qui puisse arrêter l'impétuosité de mes désirs, je me sens un cœur à aimer toute la terre; et comme Alexandre, je souhaiterais qu'il y eût d'autres mondes, pour y pouvoir étendre mes conquêtes amoureuses.

SGANARELLE.

Vertu de ma vie, comme vous débitez! il semble que vous ayez appris cela par cœur, et vous parlez tout comme un livre.

DON JUAN.

Qu'as-tu à dire là-dessus?

SGANARELLE.

Ma foi, j'ai à dire.... Je ne sais que dire; car vous tournez les choses d'une manière qu'il semble que vous ayez raison; et cependant il est vrai que vous ne l'avez pas. J'avais les plus belles pensées du monde, et vos discours m'ont brouillé tout cela. Laissez faire; une autre fois je mettrai mes raisonnements par écrit, pour disputer avec vous.

DON JUAN.

Tu feras bien.

SGANARELLE.

Mais monsieur, cela serait-il de la permission que vous m'avez donnée, si je vous disais que je suis tant soit peu scandalisé de la vie que vous menez?

DON JUAN.

Comment, quelle vie est-ce que je mène?

SGANARELLE.

Fort bonne. Mais, par exemple, de vous voir tous les mois vous marier comme vous faites

DON JUAN.

Y a-t-il rien de plus agréable ?

SGANARELLE.

Il est vrai. Je conçois que cela est fort agréable et fort divertissant, et je m'en accommoderais assez, moi, s'il n'y avait point de mal ; mais, monsieur, se jouer ainsi du mariage, qui...

DON JUAN.

Va, va c'est une affaire entre le ciel et moi, et nous la démêlerons bien ensemble sans que tu t'en mettes en peine.

SGANARELLE.

Ma foi, Monsieur, j'ai toujours ouï dire que c'est une méchante raillerie que de se railler du ciel, et que les libertins ne font jamais une bonne fin.

DON JUAN.

Holà, maître sot. Vous savez ce que je vous ai dit, que je n'aime pas les faiseurs de remontrances.

SGANARELLE.

Je ne parle pas aussi à vous, Dieu m'en garde. Vous savez ce que vous faites, vous ; et, si vous ne croyez rien, vous avez vos raisons ; mais il y a de certains petits impertinents dans le monde, qui sont libertins, sans savoir pourquoi, qui font les esprits forts, par ce qu'ils croient que cela leur sied bien; et, si j'avais un maître comme cela, je lui dirais fort nettement, le regardant en face : Osez-vous bien ainsi vous jouer du ciel, et ne tremblez-vous point de vous moquer, comme vous faites, des choses les plus saintes? c'est bien à vous, petit ver de terre, petit mirmidon que vous êtes; (je parle au maître que j'ai dit;) c'est bien à vous à vouloir vous mêler de tourner en raillerie ce que tous les hommes révèrent? Pensez-vous que pour être de qualité, pour avoir une perruque blonde et bien frisée, des plumes à votre chapeau, un habit bien doré, et des rubans couleur de feu (ce n'est pas à vous que je parle, c'est à l'autre); pensez-vous, dis-je, que vous en soyez plus habile homme, que tout vous soit permis, et qu'on n'ose vous dire vos vérités? Apprenez de moi, qui suis votre valet, que le ciel punit tôt ou tard les impies, qu'une méchante vie amène une méchante mort, et que...

DON JUAN.

Paix!

SGANARELLE.

De quoi est-il question?

DON JUAN.

Il est question de te dire qu'une Beauté me tient au cœur, et qu'entraîné par ses appas, je l'ai suivie jusqu'en cette ville.

SGANARELLE.

Et ne craignez-vous rien, Monsieur, de la

mort de ce Commandeur que vous tuâtes il y a six mois?

DON JUAN.

Et pourquoi craindre? Ne l'ai-je pas bien tué?

SGANARELLE.

Fort bien, le mieux du monde, et il aurait tort de se plaindre.

DON JUAN.

J'ai eu ma grâce de cette affaire.

SGANARELLE.

Oui; mais cette grâce n'éteint pas peut-être le ressentiment des parents et des amis, et...

DON JUAN.

Ah! n'allons point songer au mal qui nous peut arriver, et songeons seulement à ce qui peut donner du plaisir. La personne dont je te parle est une jeune fiancée, la plus agréable du monde, qui a été conduite ici par celui même qu'elle y vient épouser, et le hasard me fit voir ce couple d'amants trois ou quatre jours avant leur voyage. Jamais je n'ai vu deux personnes être si contentes l'une de l'autre, et faire éclater plus d'amour. La tendresse visible de leurs mutuelles ardeurs me donna de l'émotion; j'en fus frappé au cœur, et mon amour commença par la jalousie. Oui; je ne pus souffrir d'abord de les voir si bien ensemble; le dépit alluma mes désirs, et je me figurai un plaisir extrême à pouvoir troubler leur intelligence, et rompre cet attachement, dont la délicatesse de mon cœur se tenait offensée; mais, jusqu'ici, tous mes efforts ont été inutiles, et j'ai recours au dernier remède. Cet époux prétendu doit aujourd'hui régaler sa maîtresse d'une promenade sur mer. Sans t'en avoir rien dit, toutes choses sont préparées pour satisfaire mon amour, et j'ai une petite barque, et des gens, avec quoi, fort facilement, je prétends enlever la belle.

SGANARELLE.

Ah! Monsieur...

DON JUAN.

Hein?

SGANARELLE.

C'est fort bien fait à vous et vous le prenez comme il faut. Il n'est rien tel en ce monde que de se contenter.

DON JUAN.

Prépare-toi donc à venir avec moi, et prends soin toi-même d'apporter toutes mes armes, afin que...

(Apercevant Done Elvire.)

Ah! rencontre fâcheuse. Traître, tu ne m'avais pas dit qu'elle était ici elle-même.

SGANARELLE.

Monsieur, vous ne me l'avez pas demandé.

DON JUAN.

Est-elle folle de n'avoir pas changé d'habit, et de venir en ce lieu-ci, avec son équipage de campagne?

SCÈNE III

DONE ELVIRE, DON JUAN, SGANARELLE.

DONE ELVIRE.

Me ferez-vous la grâce, Don Juan, de vouloir bien me reconnaître? Et puis-je au moins espérer que vous daigniez tourner le visage de ce côté?

DON JUAN.

Madame, je vous avoue que je suis surpris, et que je ne vous attendais pas ici.

DONE ELVIRE.

Oui, je vois bien que vous ne m'y attendiez pas; et vous êtes surpris, à la vérité, mais tout autrement que je ne l'espérais; et la manière dont vous le paraissez, me persuade pleinement ce que je refusais de croire. J'admire ma simplicité, et la faiblesse de mon cœur, à douter d'une trahison que tant d'apparences me confirmaient. J'ai été assez bonne, je le confesse, ou plutôt assez sotte, pour me vouloir tromper moi-même, et travailler à démentir mes yeux et mon jugement. J'ai cherché des raisons, pour excuser à ma tendresse le relâchement d'amitié qu'elle voyait en vous; et je me suis forgé exprès cent sujets légitimes d'un départ si précipité, pour vous justifier du crime dont ma raison vous accusait. Mes justes soupçons chaque jour avaient beau me parler, j'en rejetais la voix qui vous rendait criminel à mes yeux, et j'écoutais avec plaisir milles chimères ridicules, qui vous peignaient innocent à mon cœur; mais enfin, cet abord ne me permet plus de douter, et le coup d'œil qui m'a reçue m'apprend bien plus de choses que je ne voudrais en savoir. Je serai bien aise pourtant d'ouïr de votre bouche les raisons de votre départ. Parlez, Don Juan, je vous prie, et voyons de quel air vous saurez vous justifier.

DON JUAN.

Madame, voilà Sganarelle qui sait pourquoi je suis parti.

SGANARELLE, *bas à don Juan.*

Moi, Monsieur? Je ne sais rien, s'il vous plaît.

DONE ELVIRE.

Hé bien, Sganarelle, parlez. Il n'importe de quelle bouche j'entende ses raisons.

DON JUAN *faisant signe à Sganarelle d'approcher.*

Allons : parle donc à madame.

SGANARELLE, *bas à don Juan.*

Que voulez-vous que je dise?

DONE ELVIRE.

Approchez, puisqu'on le veut ainsi, et me dites un peu les causes d'un départ si prompt.

DON JUAN.

Tu ne répondras pas?

SGANARELLE, *bas à don Juan.*

Je n'ai rien à répondre. Vous vous moquez de votre serviteur.

DON JUAN.

Veux-tu répondre? te dis-je.

SGANARELLE.

Madame....

DONE ELVIRE.

Quoi?

SGANARELLE, *se retournant vers son maître.*

Monsieur.

DON JUAN, *en le menaçant.*

Si....

SGANARELLE.

Madame, les conquérants Alexandre et les autres mondes sont cause de notre départ. Voilà, monsieur, tout ce que je puis dire.

DONE ELVIRE.

Vous plaît-il, don Juan, nous éclaircir ces beaux mystères!

DON JUAN.

Madame, à vous dire la vérité....

DONE ELVIRE.

Ah! que vous savez mal vous défendre pour un homme de cour, et qui doit être accoutumé à ces sortes de choses ! J'ai pitié de vous voir la confusion que vous avez. Que ne vous armez-vous le front d'une noble effronterie ? Que ne me jurez-vous que vous êtes toujours dans les mêmes sentiments pour moi, que vous m'aimez toujours avec une ardeur sans égale, et que rien n'est capable de vous détacher de moi que la mort ! Que ne me dites-vous que des affaires de la dernière conséquence vous ont obligé à partir sans m'en donner avis ; qu'il faut, que malgré vous, vous demeuriez ici quelque temps, et que je n'ai qu'à m'en retourner d'où je viens, assurée que vous suivrez mes pas le plus tôt qu'il vous sera possible ; qu'il est certain que vous brûlez de me rejoindre, et qu'éloigné de moi, vous souffrez ce que souffre un corps qui est séparé de son âme ? Voilà comme il faut vous défendre, et non pas être interdit comme vous êtes.

DON JUAN.

Je vous avoue, madame, que je n'ai point le talent de dissimuler, et que je porte un cœur sincère. Je ne vous dirai point que je suis toujours dans les mêmes sentiments pour vous, et que je brûle de vous rejoindre, puisqu'enfin il est assuré que je ne suis parti que pour vous fuir ; non point par les raisons que vous pouvez vous figurer, mais par un pur motif de conscience, et pour ne croire pas qu'avec vous davantage je puisse vivre sans péché. Il m'est venu des scrupules, madame, et j'ai ouvert les yeux de l'âme sur ce que je faisais. J'ai fait réflexion que, pour vous épouser, je vous ai dérobée à la clôture d'un couvent, que vous avez rompu des vœux qui vous engageaient autre part, et que le ciel est fort jaloux de ces sortes de choses. Le repentir m'a pris, et j'ai craint le courroux céleste. J'ai cru que notre mariage n'était qu'un adultère déguisé, qu'il nous attirerait quelque disgrâce d'en haut, et qu'enfin je devais tâcher de vous oublier, et vous donner moyen de retourner à vos premières chaînes. Voudriez-vous, madame, vous opposer à une si sainte pensée, et que j'allasse, en vous retenant, me mettre le ciel sur les bras; que par.....

DONE ELVIRE.

Ah, scélérat! c'est maintenant que je te connais tout entier; et, pour mon malheur, je te connais lorsqu'il n'en est plus temps, et qu'une telle connaissance ne peut plus me servir qu'à me désespérer; mais sache que ton crime ne demeurera pas impuni, et que le même ciel dont tu te joues me saura venger de ta perfidie.

DON JUAN.

Sganarelle, le ciel!

SGANARELLE.

Vraiment oui, nous nous moquons bien de cela, nous autres.

DON JUAN.

Madame...

DONE ELVIRE.

Il suffit, je n'en veux pas ouïr davantage

et je m'accuse même d'en avoir trop entendu. C'est une lâcheté que de se faire expliquer trop sa honte; et, sur de tels sujets, un noble cœur, au premier mot, doit prendre son parti. N'attends pas que j'éclate ici en reproches et en injures; non, non, je n'ai point un courroux à s'exhaler en paroles vaines, et toute sa chaleur se réserve pour sa vengeance. Je te le dis encore, le ciel te punira, perfide, de l'outrage que tu me fais; et, si le ciel n'a rien que tu puisses appréhender, appréhende du moins la colère d'une femme offensée.

SCÈNE IV

DON JUAN, SGANARELLE.

SGANARELLE, *à part.*

Si le remords le pouvait prendre!

DON JUAN, *après un moment de réflexion.*

Allons songer à l'exécution de notre entreprise amoureuse.

SGANARELLE, *seul.*

Ah, quel abominable maître me vois-je obligé de servir!

FIN DU PREMIER ACTE.

ACTE SECOND

Le théâtre représente une campagne au bord de la mer.

—

SCÈNE PREMIÈRE

CHARLOTTE, PIERROT.

CHARLOTTE.

Notre dinse Piarrot, tu t'es trouvé là bien à point.

PIERROT.

Parguienne, il ne s'en est pas fallu l'épaisseur d'une éplingue, qu'il ne se sayant nayés tous deux.

CHARLOTTE.

C'est donc le coup de vent d'à matin qui les avait renvarsés dans la mar ?

PIERROT.

Aga, quien, Charlotte, je m'en vas te conter tout fin droit comme cela est venu ; car, comme dit l'autre, je les ai le premier avisés, avisés le premier je les ai. Enfin donc j'étions sut le bord de la mar, moi et le gros Lucas, et je nous amusions à batifoler avec des mottes de tarre que je nous jesquions à la tête ; car, come tu sais bien le gros Lucas aime à batifoler, et moi, par fouas, je batifole itou. En batifolant donc, pisque batifoler y a, j'ai apperçu de tout loin queuque chose qui grouillait dans gliau, et qui venait comme envars nous par secousse. Je voyais cela fixiblement, pis tout d'un coup je voyais que je ne voyais plus rian. Hé ! Lucas, çai-je fait, je pense que v'là des hommes qui nagiant là-bas. Voire, ce m'a-t-il fait, t'as été au trépassement d'un chat, t'as la vue trouble. Par sanguienne, ç'ai-je fait, je n'ai point la vue trouble, ce sont des hommes. Point du tout, ce m'a-t-il fait, t'as la berlue. Veux-tu gager, ç'ai-je fait, que je n'ai point la berlue, c'ai-je fait, et que ce sont deux hommes, ç'ai-je fait, qui nagiant droit ici, ç'ai-je fait? Morguienne, ce m'a-t-il fait, je gage que non. Oh ça, ç'ai-je fait, veux-tu gager dix sols que si? Je le veux bian, ce m'a-t-il fait, et pour te montrer, v'là argent su jeu, ce m'a-t-il fait. Moi, je n'ai point été ni fou ni étourdi, j'ai bravement bouté à tarre quatre pièces tapées, et cinq fois en double, jerniguienne aussi hardiment que si j'avais avalé un varre de vin ; car je sis hasardeux, moi, et je vas à la débandade. Je savais bian ce que je faisais pourtant. Queuque gniais ! Enfin donc, je n'avons pas putôt eu gagé, que j'ai vons vu les deux hommes tout à plain, qui nous faisian signe de les aller querir, et moi de tirer les enjeux. Allons, Lucas, ç'ai-je dit, tu vois bian qu'ils nous appelont ; allons vite à leu secours. Non, ce m'a-t-il dit, ils m'ont fait pardre. Oh ! donc, tanquia, qu'à la parfin. pour le faire court, je l'ai tant sarmonné, que je nous sommes boutés dans une barque, et pis j'avons tant fait cahin caha, que je les avons tirés de gliau, et puis je les avons menés cheux nous auprès du feu, et pis ils se sant dépouillés tout nuds pour se sécher, et pis il y est venu encore deux de la même bande, qui s'équiant sauvés tout seuls, et pis Mathurine est arrivée là à qui l'en a fait les doux yeux. Vlà justement, Charlotte, comme tout çà s'est fait.

CHARLOTTE.

Ne m'as-tu pas dit, Piarrot, qu'il y en a un qu'est bien pu mieux fait que les autres!

PIERROT.

Oui, c'est le maître. Il faut que ce soit queuque gros monsieur, car il a du dor à son habit tout depis le haut jusqu'en bas, et ceux qui le servent sont des monsieux eux-mêmes; et stapandant, tout gros monsieur qu'il est, il serait par ma fiqué nayé si je n'avions été là.

CHARLOTTE.

Ardez un peu.

PIERROT.

Oh! parguienne, sans nous, il en avait pour sa maine de fèves.

CHARLOTTE.

Est-il encore cheux toi tout nud, Piarrot?

PIERROT.

Nannain, ils l'avont r'habillé tout devant nous. Mon guieu, je n'en avais jamais vu s'habiller. Que d'histoire et d'engingorniaux boutont ces Messieux-là les courtisans! Je me pardrais là-dedans, pour moi, et j'étais tout ébobi de voir ça. Quien, Charlotte, ils avont des cheveux qui ne tenont point à leu tête; et ils boutont ça, après tout, comme un gros bonnet de filasse Ils ant des chemises qui ant des manches où j'entrerions tout brandis toi et moi. En glieu d'haut-de-chose, ils portont une garde-robe aussi large que d'ici à Pâques, en glieu de pourpoint, de petites brassières, qui ne leu venont pas jusqu'au brichet, et en glieu de rabats, un grand mouchoir de cou à réziau, aveuc quatre grosses houpes de linge qui leu pendont sur l'estomac. Ils avont itou d'autres petits rabats au bout des bras, et de grands entonnoirs de passement aux jambes, et, parmi tout ça, tant de rubans, tant de rubans, que c'est une vraie piquié. Ignia pas jusqu'aux souliers qui n'en soient farcis tout de pis un bout jusqu'à l'autre; et ils sont faits d'eune façon que je me romperais le cou aveuc.

CHARLOTTE.

Par ma fi, Piarrot, il faut que j'aille voir un peu ça.

PIERROT.

Oh! acoute un peu auparavant, Charlotte. J'ai queuque autre chose à te dire, moi.

CHARLOTTE.

Hé bian, dis, qu'est-ce que c'est?

PIERROT.

Vois-tu, Charlotte, il faut, comme dit l'autre, que je débonde mon cœur. Je t'aime, tu le sais bien, et je sommes pour être mariés ensemble; mais marguienne, je ne suis point satisfait de toi.

CHARLOTTE.

Quement, qu'est-ce que c'est donc qu'iglia?

PIERROT.

Iglia que tu me chagraines l'esprit, franchement.

CHARLOTTE.

Et quement donc?

PIERROT.

Tétiguienne, tu ne m'aimes point.

CHARLOTTE.

Ah, ah! n'est-ce que ça?

PIERROT.

Oui, ce n'est que ça, et c'est bian assez.

CHARLOTTE.

Mon guieu, Piarrot, tu me viens toujou dire la même chose.

PIERROT.

Je te dis toujou la même chose, parceque c'est toujou la même chose; et si ce n'était pas toujou la même chose, je ne te dirai pas toujou la même chose.

CHARLOTTE.

Mais qu'est-ce qu'il te faut? Que veux-tu?

PIERROT.

Jerniguienne, je veux que tu m'aimes.

CHARLOTTE.

Est-ce que je ne t'aime pas?

PIERROT.

Non, tu ne m'aimes pas, et si je fais tout ce que je pis pour ça, je t'achète, sans reproche, des rubans à tous les marciers qui passont; je me romps le cou à t'aller dénicher des marles; je fais jouer pour toi les vielleux quand ce vient ta fête, et tout ça comme si je me frappais la tête contre un mur. Vois-tu, ça n'est ni biau ni honnête de n'aimer pas les gens qui nous aimont.

CHARLOTTE.

Mais, mon guieu, je t'aime aussi.

PIERROT.

Oui, tu m'aimes d'une belle dégaine.

CHARLOTTE.

Quement veux-tu donc qu'on fasse?

PIERROT.

Je veux que l'on fasse comme l'en fait quand l'en aime comme il faut.

CHARLOTTE.

Ne t'aimé-pas aussi comme il faut?

PIERROT.

Non. Quand ça est, ça se voit, et l'en fait mille petites singeries aux personnes, quand on les aime du bon du cœur. Regarde la grosse Thomasse, comme alle est assotée du jeune Robain, alle est toujou autour de li à l'agacer, et ne le laisse jamais en repos. Toujou alle li fait queuque niche, ou li baille queuque taloche en passant; et l'autre jour qu'il était assis sur un escabiau, elle fut le tirer de dessous li, et le fit cheoir tout de son long par tarre. Jarni, v'là où l'on voit les gens qui aimont; mais toi, tu ne me dis jamais mot, t'es toujou là comme eune vraie souche de bois; et je passerai vingt fois devant toi, que tu ne te grouillerais pas pour me bailler le moindre coup, ou me dire la moindre chose. Ventreguienne; ça n'est pas bien après tout, et t'es trop froide pour les gens.

CHARLOTTE.

Que veux-tu que j'y fasse? C'est mon himeur et je ne me pis refondre.

PIERROT.

Ignia himeur qui tienne. Quand en a de l'amiquié pour les parsonnes, l'en en baille toujou queuque petite signifiance.

CHARLOTTE.

Enfin, je t'aime tout autant que je pis, et si tu n'es pas content de ça, tu n'as qu'à en aimer queuque autre.

PIERROT.

Hé bien! v'là pas mon compte! Tétigué, si tu m'aimais, me dirais-tu ça?

CHARLOTTE.

Pourquoi me viens-tu aussi tarabuster l'esprit?

PIERROT.

Morgué, queu mal te fais-je? Je ne te demande qu'un peu d'amiquié.

CHARLOTTE.

Hé bien! laisse faire aussi et ne me presse point tant. Peut-être que ça viendra tout d'un coup sans y songer.

PIERROT.

Touche donc là, Charlotte.

CHARLOTTE, *donnant sa main.*

Hé bien, quien.

PIERROT.

Promets-moi donc que tu tâcheras de m'aimer davantage.

CHARLOTTE.

J'y ferai tout ce que je pourrai; mais il faut que ça vienne de lui-même. Piarrot, est-ce là ce monsieu?

PIERROT.

Oui, le v'là.

CHARLOTE.

Ah! mon guieu, qu'il est genti, et que ç'aurait été dommage qu'il eût été nayé?

PIERROT.

Je reviens tout à l'heure; je m'en vais boire chopaine pour me rebouter tant soit peu de la fatigue que j'ai eue.

SCÈNE II

DON JUAN, SGANARELLE, CHARLOTTE *dans le fond du théâtre*

DON JUAN.

Nous avons manqué notre coup, Sganarelle, et cette bourrasque imprévue a renversé avec notre barque le projet que nous avions fait; mais, à te dire vrai, la paysanne que je viens de quitter répare ce malheur, et je lui ai trouvé des charmes qui effacent de mon esprit tout le chagrin que me donnait le mauvais succès de notre entreprise. Il ne faut pas que ce cœur m'échappe, et j'y ai déjà jeté des dispositions à ne pas me souffrir longtemps pousser des soupirs.

SGANARELLE.

Monsieur, j'avoue que vous m'étonnez. A peine sommes-nous échappés d'un péril de mort, qu'au lieu de rendre grâce au ciel de la pitié qu'il a daigné prendre de nous, vous travaillez tout de nouveau à attirer sa colère par vos fantaisies accoutumées, et vos amours cr.... (*Don Juan prend un air menaçant.*) Paix, coquin que vous êtes; vous ne savez ce que vous dites, et Monsieur sait ce qu'il fait. Allons.

DON JUAN, *apercevant Charlotte.*

Ah, ah! d'où sort cette autre paysanne, Sganarelle! As-tu rien vu de plus joli, et ne trouves-tu pas, dis-moi, que celle-ci vaut bien l'autre?

SGANARELLE.

Assurément. (*A part.*) Autre pièce nouvelle.

DON JUAN, *à Charlotte.*

D'où me vient, la belle, une rencontre si agréable? Quoi! dans ces lieux champêtres, parmi ces arbres et ces rochers, on trouve des personnes faites comme vous êtes?

CHARLOTTE.

Vous voyez, Monsieu.

DON JUAN.

Êtes-vous de ce village?

CHARLOTTE.

Oui, Monsieu.

DON JUAN.

Et vous y demeurez?

CHARLOTTE.

Oui, Monsieu.

DON JUAN.

Vous vous appelez?

CHARLOTTE.

Charlotte, pour vous servir.

DON JUAN.

Ah, la belle personne, et que ses yeux sont pénétrants!

CHARLOTTE.

Monsieu, vous me rendez toute honteuse.

DON JUAN.

Ah! n'ayez point de honte d'entendre dire vos vérités. Sganarelle, qu'en dis-tu? Peut-on rien voir de plus agréable? Tournez-vous un peu, s'il vous plaît. Ah, que cette taille est jolie! Haussez un peu la tête, de grâce. Ah! que ce visage est mignon! Ouvrez vos yeux entièrement. Ah! qu'ils sont beaux! Que je voie un peu vos dents, je vous prie. Ah! qu'elles sont amoureuses, et ces lèvres appétissantes! Pour moi, je suis ravi, et je n'ai jamais vu une si charmante personne.

CHARLOTTE.

Monsieu, cela vous plaît à dire, et je ne sais pas si c'est pour vous railler de moi.

DON JUAN.

Moi, me railler de vous, Dieu m'en garde! Je vous aime trop pour cela, et c'est du fond du cœur que je vous parle.

CHARLOTTE.

Je vous suis bien obligée, si ça est.

DON JUAN.

Point du tout, vous ne m'êtes point obligée de tout ce que je dis; et ce n'est qu'à votre beauté que vous en êtes redevable.

CHARLOTTE.

Monsieur, tout ça est trop bien dit pour moi et je n'ai pas d'esprit pour vous répondre.

DON JUAN.

Sganarelle, regarde un peu ces mains.

CHARLOTTE.

Fi, monsieu, elles sont noires comme je ne sais quoi.

DON JUAN.

Ah! que dites-vous là! elles sont les plus blanches du monde, souffrez que je les baise, je vous prie.

CHARLOTTE.

Monsieu, c'est trop d'honneur que vous me faites, et si j'avais su ça tantôt, je n'aurais pas manqué de les laver avec du son.

DON JUAN.

Hé, dites-moi un peu, belle Charlotte, vous n'êtes pas mariée, sans doute?

CHARLOTTE.

Non, monsieu; mais je dois bientôt l'être avec Piarrot, le fils de la voisine Simonette.

DON JUAN.

Quoi! une personne comme vous serait la femme d'un simple paysan! Non, non, c'est profaner tant de beautés, et vous n'êtes pas née pour demeurer dans un village. Vous méritez, sans doute, une meilleure fortune; et le ciel, qui le connaît bien, m'a conduit ici tout exprès pour empêcher ce mariage, et rendre justice à vos charmes : car enfin, belle Charlotte, je vous aime de tout mon cœur, et il ne tiendra q'à vous qve je vous arrache de ce misérable lieu, et que je vous mette dans l'etat où vous méritez d'être. Cet amour est bien prompt sans doute; mais quoi! c'est un effet, Charlotte, de votre grande beauté, et l'on vous aime autant en un quart d'heure qu'on ferait une autre en six mois.

CHARLOTTE.

Aussi vrai, Monsieu, je ne sais comment faire quand vous parlez. Ce que vous dites me fait aise, et j'aurais toutes les envies du monde de vous croire; mais on m'a toujou dit qu'il ne faut jamais croire les Monsieux, et que vous autres courtisans êtes des enjoleux, qui ne songez qu'à abuser les filles.

DON JUAN.

Je ne suis pas de ces gens-là.

SGANARELLE *à part.*

Il n'a garde.

CHARLOTTE.

Voyez-vous, Monsieu? Il n'y a pas plaisir à

se laisser abuser. Je suis une pauvre paysanne, mais j'ai l'honneur en recommandation, et j'aimerais mieux me voir morte que de me voir déshonorée.

DON JUAN.

Moi, j'aurais l'âme assez méchante pour abuser une personne comme vous? Je serais assez lâche pour vous déshonorer? Non, non, j'ai trop de conscience pour cela. Je vous aime, Charlotte, en tout bien et en tout honneur; et pour vous montrer que je dis vrai, sachez que je n'ai point d'autre dessein que de vous épouser. En voulez-vous un plus grand témoignage? M'y voilà prêt, quand vous voudrez; et je prends à témoin l'homme que voilà de la parole que je vous donne.

SGANARELLE.

Non, non, ne craignez point, il se mariera avec vous tant que vous voudrez.

DON JUAN.

Ah! Charlotte, je vois bien que vous ne me connaissez pas encore! Vous me faites grand tort de juger de moi par les autres; et, s'il y a des fourbes dans le monde, des gens qui ne cherchent qu'à abuser des filles, vous devez me tirer du nombre, et ne pas mettre en doute la sincérité de ma foi; et puis votre beauté vous assure de tout. Quand on est faite comme vous, on doit être à couvert de toutes ces sortes de craintes; nous n'avez point l'air, croyez-moi, d'une personne qu'on abuse; et, pour moi, je l'avoue, je me percerais le cœur de mille coups, si j'avais eu la moindre pensée de vous trahir.

CHARLOTTE.

Mon Dieu! je ne sais si vous dites vrai, ou non; mais vous faites que l'on vous croit.

DON JUAN.

Lorsque vous me croirez, vous me rendrez justice assurément, et je vous réitère encore la promesse que je vous ai faite. Ne l'acceptez-vous pas, et ne voulez-vous pas consentir à être ma femme?

CHARLOTTE.

Oui, pourvu que ma tante le veuille.

DON JUAN.

Touchez donc là, Charlotte, puisque vous le voulez bien de votre part.

CHARLOTTE.

Mais au moins, monsieu, ne m'allez pas tromper, je vous prie; il y aurait de la conscience à vous, et vous voyez comme j'y vais à la bonne foi.

DON JUAN.

Comment? il semble que vous doutiez encore de ma sincérité? Voulez-vous que je fasse des serments épouvantables? Que le ciel...

CHARLOTTE.

Mon Dieu, ne jurez point; je vous crois.

DON JUAN.

Donnez-moi donc un petit baiser pour gage de votre parole.

CHARLOTTE.

Oh! monsieu, attendez que je soyons mariés, je vous prie. Après ça, je vous baiserai tant que vous voudrez.

DON JUAN.

Hé bien, belle Charlotte, je veux tout ce que vous voulez; abandonnez-moi seulement votre main, et souffrez que, par mille baisers, je lui exprime le ravissement où je suis.

SCÈNE III

DON JUAN, SCANARELLE, PIERROT, CHARLOTTE.

PIERROT, *poussant don Juan qui baise la main de Charlotte.*

Tout doucement, monsieu; tenez-vous, s'il vous plaît. Vous vous échauffez trop, et vous pourriez gagner la purésie.

DON JUAN, *repoussant rudement Pierrot.*

Qui m'amène cet impertinent?

PIERROT, *se mettant entre don Juan et Charlotte.*

Je vous dis qu'ou vous tegniez, et qu'ou ne caressiez point nos accordées.

DON JUAN, *repoussant encore Pierrot.*

Ah! que de bruit.

PIERROT.

Jerniguienne, ce n'est pas comme ça qu'il faut pousser les gens.

CHARLOTTE, *prenant Pierrot par le bras.*

Et laisse-le faire aussi, Piarrot

PIERROT.

Quement, que je le laisse faire? Je ne veux pas, moi.

DON JUAN.

Ah!

PIERROT.

Tétiguiene, parce qu'ous êtes Monsieu, vous viendrez caresser nos femmes à notre barbe? Allez-vs-en caresser les vôtres.

DON JUAN.

Heu?

PIERROT.

Heu? (*Don Juan lui donne un soufflet.*) Tétigué, ne me frappez pas. (*Autre soufflet.*) Oh! jernigué. (*Autre soufflet.*) Ventregué. (*Autre soufflet.*) Palsanguié, morguienne, ça n'est pas bien de battre les gens, et ce n'est pas là la récompense de vous avoir sauvé d'être nayé.

CHARLOTTE.

Piarrot, ne te fâche point.

PIERROT.

Je me veux fâcher, et t'es une vilaine, toi d'endurer qu'on te cajole.

CHARLOTTE.

Oh! Piarrot, ce n'est pas ce que tu penses. Ce monsieu veut m'épouser, et tu ne dois pas te bouter en colère.

PIERROT.

Quement : jerni! tu m'es promise.

CHARLOTTE.

Ça n'y fait rien, Piarrot. Si tu m'aimes, ne dois-tu pas être bien aise que je devienne Madame?

PIERROT.

Jerniguié, non. J'aime mieux te voir crévée que de te voir à un autre.

CHARLOTTE.

Va, va, Piarrot, ne te mets point en peine. Si je sis Madame, je te ferai gagner queuque chose, et tu apporteras du beurre et du fromage cheux nous.

PIERROT.

Ventreguienne, je gni en porterai jamais, quand tu m'en pairais deux fois autant. Est-ce donc comme ça que t'écoutes ce qu'il te dit? Morguienne, si j'avais su ça tantôt, je me serais bien gardé de le tirer de gliau, et je gli aurais baillé un bon coup d'aviron sur la tête.

DON JUAN, *s'approchant de Pierrot pour le frapper.*

Qu'est-ce que vous dites?

PIERROT, *se mettant derrière Charlotte.*

Jerniguienne, je ne crains parsonne.

DON JUAN, *passant du côté où est Pierrot.*

Attendez-moi un peu.

PIERROT, *repassant de l'autre côté.*

Je me moque de tout, moi.

DON JUAN, *courant après Pierrot.*

Voyons cela.

PIERROT, *se sauvant encore derrière Charlotte.*

J'en avons bien vu d'autres.

DON JUAN.

Ouais.

SGANARELLE.

Hé, Monsieur, laissez là ce pauvre misérable. C'est conscience de le battre. (*A Pierrot, en se mettant entre lui et Don Juan.*) Écoute, mon pauvre garçon, retire-toi et ne lui dis rien.

PIERROT, *passant devant Sganarelle, et regardant fièrement Don Juan.*

Je veux lui dire, moi.

DON JUAN, *levant la main pour donner un soufflet à Pierrot.*

Ah! je vous apprendrai... (*Pierrot baisse la tête, et Sganarelle reçoit le soufflet.*)

SGANARELLE, *regardant Pierrot.*

Peste soit du maroufle !

DON JUAN, *à Sganarelle.*

Te voilà payé de ta charité.

PIERROT.

Jarni, je vas dire à sa tante tout ce manége-ci.

SCÈNE IV

DON JUAN, CHARLOTTE, SGANARELLE.

DON JUAN, *à Charlotte.*

Enfin, je m'en vais être le plus heureux de tous les hommes, et je ne changerais pas mon bonheur contre toutes les choses du monde. Que de plaisirs quand vous serez ma femme, et que...

SCÈNE V

DON JUAN, MATHURINE, CHARLOTTE, SGANARELLE.

SGANARELLE, *apercevant Mathurine.*

Ah, ah!

MATHURINE, *à Don Juan.*

Monsieu, que faites-vous donc là avec Charlotte? Est-ce que vous lui parlez d'amour aussi?

DON JUAN, *bas à Mathurine.*

Non. Au contraire, c'est elle qui me témoigne une envie d'être ma femme, et je lui répondais que j'étais engagé à vous.

CHARLOTTE, *à Don Juan.*

Qu'est-ce que c'est donc que vous veut Mathurine?

DON JUAN, *à Charlotte.*

Elle est jalouse de me voir vous parler, et voudrait bien que je l'épousasse; mais je lui dis que c'est vous que je veux.

MATHURINE.

Quoi! Charlotte...

DON JUAN, *bas à Mathurine.*

Tout ce que vous lui direz sera inutile, elle s'est mis cela dans la tête.

CHARLOTTE.

Quement donc! Mathurine...

DON JUAN, *bas à Charlotte.*

C'est en vain que vous lui parlerez, vous ne lui ôterez pas cette fantaisie.

MATHURINE.

Est-ce que?...

DON JUAN, *bas à Mathurine.*

Il n'y a pas moyen de lui faire entendre raison.

CHARLOTTE.

Je voudrais...

DON JUAN, *bas à Charlotte.*

Elle est obstinée comme tous les diables.

MATHURINE.

Vramant...

DON JUAN, *bas à Mathurine.*

Ne lui dites rien, c'est une folle.

CHARLOTTE.

Je pense...

DON JUAN, *bas à Charlotte.*

Laissez-la là, c'est une extravagante.

MATHURINE.

Non, non, il faut que lui parle.

CHARLOTTE.

Je veux voir un peu ses raisons.

MATHURINE.

Quoi...

DON JUAN, *bas à Mathurine.*

Je gage qu'elle va vous dire que je lui ai promis de l'épouser.

CHARLOTTE.

Je...

DON JUAN, *bas à Charlotte.*

Gageons qu'elle vous soutiendra que je lui ai donné parole de la prendre pour femme.

MATHURINE.

Holà, Charlotte, ça n'est pas bian de courir u le marché des autres.

CHARLOTTE.

Ça n'est pas honnête, Mathurine, d'être jalouse que monsieu me parle.

MATHURINE.

C'est moi que monsieu a vue la première.

CHARLOTTE.

S'il vous a vue la premièro, il m'a vue la seconde, et m'a promis de m'épouser.

DON JUAN, *bas à Mathurine.*

Hé bien, que vous ai-je dit?

MATHURINE, *à Charlotte.*

Je vous baise les mains; c'est moi, et non pas vous, qu'il a promis d'épouser.

DON JUAN *bas à Charlotte.*

N'ai-je pas deviné?

CHARLOTTE.

A d'autres, je vous prie; c'est moi, vous dis-je.

MATHURINE.

Vous vous moquez des gens; c'est moi, encore un coup.

CHARLOTTE.

Le v'là qui est pour le dire, si je n'ai pas raison.

MATHURINE.

Le v'là qui est pour me démentir, si je ne dis pas vrai.

CHARLOTTE.

Est-ce, Monsieu, que vous lui avez promis de l'épouser?

DON JUAN, *bas à Charlotte.*

Vous vous raillez de moi.

MATHURINE.

Est-il vrai, Monsieu, que vous lui avez donné parole d'être son mari?

DON JUAN, *bas à Mathurine.*

Pouvez-vous avoir cette pensée?

CHARLOTTE.

Vous voyez bien qu'al le soutient.

DON JUAN, *bas à Charlotte.*

Laissez-la faire.

MATHURINE.

Vous êtes témoin comme al l'assure.

DON JUAN, *bas à Mathurine.*

Laissez-la dire.

CHARLOTTE.

Non, non, il faut savoir la vérité.

MATHURINE.

Il est question de juger ça.

CHARLOTTE.

Oui, Mathurine, je veux que monsieu vous montre votre bec jaune.

MATHURINE.

Oui, Charlotte, je veux que monsieu vous rende un peu camuse.

CHARLOTTE.

Monsieu, vuidez la querelle, s'il vous plaît.

MATHURINE.

Mettez-nous d'accord, Monsieu.

CHARLOTTE, *à Mathurine.*

Vous allez voir.

MATHURINE, *à Charlotte.*

Vous allez voir vous-même.

CHARLOTTE, *à Don Juan.*

Dites.

MATHURINE, *à Don Juan.*

Parlez.

DON JUAN.

Que voulez-vous que je dise? Vous soutenez également toutes deux que je vous ai promis de vous prendre pour femmes. Est-ce que chacune de vous ne sait pas ce qui en est, sans qu'il soit nécessaire que je m'explique davantage? Pourquoi m'obliger là-dessus à des redites: Celle à qui j'ai promis effectivement n'a-t-elle pas, en elle-même, de quoi se moquer des discours de l'autre, et doit-elle se mettre en peine, pourvu que j'accomplisse ma promesse? Tous les discours n'avancent point les choses. Il faut faire et non pas dire; et les effets décident mieux que les paroles. Aussi, n'est-ce que par là que je vous veux mettre d'accord, et l'on verra quand je me marierai, laquelle des deux a mon cœur. *(Bas à Mathurine.)* Laissez-lui croire ce qu'elle voudra *(Bas à Charlotte.)* Laissez-la se flatter dans son imagination. *(Bas à Mathurine.)* Je vous adore. *(Bas à Charlotte.)* Je suis tout à vous. *(Bas à Mathurine.)* Tous les visages sont laids auprès du vôtre. *(Bas à Charlotte.)* On ne peut plus souffrir les autres quand on vous a vue. *(Haut.)* J'ai un petit ordre à donner, je viens vous retrouver dans un quart d'heure.

SCÈNE VI

CHARLOTTE, MATHURINE, SGANARELLE.

CHARLOTTE, *à Mathurine.*

Je suis celle qu'il aime, au moins.

MATHURINE, *à Charlotte.*

C'est moi qu'il épousera.

SGANARELLE, *arrêtant Charlotte et Mathurine.*

Ah! pauvres filles que vous êtes, j'ai pitié de votre innocence, et je ne puis souffrir de vous voir courir à votre malheur. Croyez-moi l'une et l'autre, ne vous amusez point à tous les contes qu'on vous fait, et demeurez dans votre village.

SCÈNE VII

DON JUAN, CHARLOTTE, MATHURINE, SGANARELLE.

DON JUAN, *dans le fond du théâtre, à part.*

Je voudrais bien savoir pourquoi Sganarelle ne me suit pas.

SGANARELLE.

Mon maître est un fourbe, il n'a dessein que de vous abuser, et en a bien abusé d'autres; c'est l'épouseur du genre humain, et... *(apercevant Don Juan.)* Cela est faux, et quiconque vous dira cela, vous lui devez dire qu'il en a menti. Mon maître n'est point l'épouseur du genre humain, il n'est point fourbe; il n'a pas dessein de vous tromper, et n'en a point abusé d'autres. Ah ! tenez, le voilà, demandez-le plutôt à lui-même.

DON JUAN, *regardant Sganarelle et le soupçonnant d'avoir parlé.*

Oui ?

SGANARELLE.

Monsieur, comme le monde est plein de médisants, je vais au-devant des choses ; et je leur disais que, si quelqu'un leur venait dire du mal de vous, elles se gardassent bien de le croire, et ne manquassent pas de lui dire qu'il en aurait menti.

DON JUAN.

Sganarelle.

SGANARELLE, *à Charlotte et à Mathurine.*

Oui, Monsieur est homme d'honneur, je le garantis tel.

DON JUAN.

Hon.

SGANARELLE.

Ce sont des impertinents.

SCÈNE VIII

DON JUAN, LA RAMÉE, CHARLOTTE, MATHURINE, SGANARELLE.

LA RAMÉE, *bas à Don Juan.*

Monsieur, je viens vous avertir qu'il ne fait pas bon ici pour vous.

DON JUAN.

Comment !

LA RAMÉE.

Douze hommes à cheval vous cherchent, qui doivent arriver ici dans un moment; je ne sais pas par quel moyen ils peuvent vous avoir suivi; mais j'ai appris cette nouvelle d'un paysan qu'ils ont interrogé, et auquel ils vous ont dépeint. L'affaire presse; et le plus tôt que vous pourrez sortir d'ici sera le meilleur.

SCÈNE IX

DON JUAN, CHARLOTTE, MATHURINE, SGANARELLE.

DON JUAN, *à Charlotte et à Mathurine.*

Une affaire pressante m'oblige de partir d'ici; mais je vous prie de vous ressouvenir de la parole que je vous ai donnée, et de croire que vous aurez de mes nouvelles avant qu'il soit demain au soir.

SCÈNE X

DON JUAN, SGANARELLE.

DON JUAN.

Comme la partie n'est pas égale, il faut user de stratagème, et éluder adroitement le malheur qui me cherche. Je veux que Sganarelle se revête de mes habits, et moi...

SGANARELLE.

Monsieur, vous vous moquez. M'exposer à être tué sous vos habits, et....

DON JUAN.

Allons vite, c'est trop d'honneur que je vous fais; et bien heureux est le valet qui peut avoir la gloire de mourir pour son maître!

SGANARELLE.

Je vous remercie d'un tel honneur. *(Seul.)* O ciel, puisqu'il s'agit de mort, fais-moi la grâce de n'être point pris pour un autre!

FIN DU SECOND ACTE

ACTE TROISIÈME

Le théâtre représente une forêt.

—

SCÈNE I

DON JUAN, *en habit de campagne*, SGANARELLE, *en Médecin.*

SGANARELLE.

Ma foi, Monsieur, avouez que j'ai eu raison, et que nous voilà l'un et l'autre déguisés à merveille. Votre premier dessein n'était point du tout à propos, et ceci nous cache mieux que tout ce que vous vouliez faire.

DON JUAN.

Il est vrai que te voilà bien et je ne sais où tu as été déterrer cet attirail ridicule.

SGANARELLE.

Oui. C'est l'habit d'un vieux médecin, qui a été laissé en gage au lieu où je l'ai pris, et il m'en a coûté de l'argent pour l'avoir. Mais savez-vous, Monsieur, que cet habit me met déjà en considération, que je suis salué des gens que je rencontre, et que l'on me vient consulter ainsi qu'un habile homme?

DON JUAN.

Comment donc?

SGANARELLE.

Cinq ou six paysans ou paysannes, en me

voyant passer, me sont venus demander mon avis sur différentes maladies.

DON JUAN.

Tu leur as répondu que tu n'y entendais rien.

SGANARELLE.

Moi! Point du tout. J'ai voulu soutenir l'honneur de mon habit, j'ai raisonné sur le mal, et leur ai fait des ordonnances à chacun.

DON JUAN.

Et quels remèdes encore leur as-tu donnés?

SGANARELLE.

Ma foi, Monsieur, j'en ai pris par où j'en ai pu attraper; j'ai fait mes ordonnances à l'aventure; et ce serait une chose plaisante si les malades guérissaient, et qu'on m'en vînt remercier.

DON JUAN.

Et pourquoi non! Par quelle raison n'aurais-tu pas les mêmes priviléges qu'ont tous les autres médecins? Ils n'ont pas plus de part que toi aux guérisons des malades, et tout leur art est pure grimace. Ils ne font rien que recevoir la gloire des heureux succès; et tu peux profiter, comme eux, du bonheur du malade, et voir attribuer à tes remèdes tout ce qui peut venir des faveurs du hasard et des forces de la nature.

SGANARELLE.

Comment, Monsieur, vous êtes aussi impie en médecine?

DON JUAN.

C'est une des grandes erreurs qui soient parmi les hommes.

SGANARELLE.

Quoi! vous ne croyez pas au séné, ni à la casse, ni au vin émétique?

DON JUAN.

Et pourquoi veux-tu que j'y croie?

SGANARELLE.

Vous avez l'âme bien mécréante. Cependant voyez depuis un temps que le vin émétique fait bruire ses fuseaux. Ses miracles ont converti les plus incrédules esprits; et il n'y a pas trois semaines que j'en ai vu, moi qui vous parle, un effet merveilleux.

DON JUAN.

Et quel!

SGANARELLE.

Il y avait un homme qui, depuis six jours, était à l'agonie; on ne savait plus que lui ordonner, et tous les remèdes ne faisaient rien; on s'avisa à la fin de lui donner de l'émétique.

DON JUAN.

Il réchappa, n'est-ce pas?

SGANARELLE.

Non, il mourut.

DON JUAN.

L'effet est admirable.

SGANARELLE.

Comment, il y avait six jours entiers qu'il

ne pouvait mourir, et cela le fit mourir tout d'un coup. Voulez-vous rien de plus efficace?

DON JUAN.

Tu as raison.

SGANARELLE.

Mais laissons là la médecine où vous ne croyez point, et parlons des autres choses; car cet habit me donne de l'esprit, et je me sens en humeur de disputer contre vous. Vous savez bien que vous me permettez les disputes, et que vous ne me défendez que les remontrances.

DON JUAN.

Hé bien!

SGANARELLE (1).

Je veux savoir un peu vos pensées à fond. Est-il possible que vous ne croyiez point du tout au ciel?

DON JUAN.

Laissons cela.

(1) Variantes des scènes I, II, III, du 3e acte, adoptées par la plupart des éditeurs :

SGANARELLE. Je veux savoir vos pensées à fond et vous connaître un peu mieux que je ne fais. Çà, quand voulez-vous mettre fin à vos débauches et mener la vie d'un honnête homme? — DON JUAN *lève la main pour lui donner un soufflet.* Ah! maître sot, vous allez d'abord aux remontrances! — SGANARELLE, *en se reculant.* Morbleu! je suis bien sot en effet, de vouloir m'amuser à raisonner avec vous : faites tout ce que vous voudrez; il m'importe bien que vous vous perdiez ou non, et que.. — DON JUAN. Tais-toi. Songeons à notre affaire. Ne serions-nous point égarés? Appelle cet homme que voilà là-bas pour lui demander le chemin.

SCÈNE II. — Don Juan Sganarelle, . Francisque. —

SGANARELLE.

C'est-à-dire que non. Et à l'enfer?

DON JUAN.

Eh!

SGANARELLE.

Tout de même. Et au diable, s'il vous plaît!

DON JUAN.

Oui, oui.

SGANARELLE.

Aussi peu. Ne croyez-vous point l'autre vie?

DON JUAN.

Ah! ah! ah!

SGANARELLE.

Voilà un homme que j'aurai bien de la peine à convertir. Et dites-moi un peu, le moine bourru, qu'en croyez-vous, eh?

DON JUAN.

La peste soit du fat!

SGANARELLE. Holà! ho! l'homme! Ho! mon compère! Ho! l'ami! un petit mot, s'il vous plaît. Enseignez-nous un peu le chemin qui mène à la ville. — FRANCISQUE. Vous n'avez qu'à suivre cette route, Messieurs, et détournez à main droite quand vous serez au bout de la forêt. Mais je vous donne avis que vous devez vous tenir sur vos gardes, et que, depuis quelque temps, il y a des voleurs ici autour. — DON JUAN. Je te suis bien obligé, mon ami, et je te rends grâce de tout mon cœur de ton bon avis.

SCÈNE III. — Don Juan, Sganarelle. — SGANARELLE. Ah! Monsieur, quel bruit! quel cliquetis! — DON JUAN, *regardant dans la forêt.* Que vois-je là? Un homme attaqué par trois autres! la partie est trop inégale et je ne dois pas souffrir cette lâcheté. (*Il met l'épée à la main et court au lieu du combat.*)

SGANARELLE.

Et voilà ce que je ne puis souffrir; car il n'y a rien de plus vrai que le moine bourru, et je me ferais pendre pour celui-là. Mais encore faut-il croire quelque chose dans le monde. Qu'est-ce donc que vous croyez ?

DON JUAN.

Ce que je crois ?

SGANARELLE.

Oui.

DON JUAN.

Je crois que deux et deux sont quatre, Sganarelle, et que quatre et quatre sont huit.

SGANARELLE.

La belle croyance et les beaux articles de foi que voilà ! Votre religion, à ce que je vois, est donc l'arithmétique ? Il faut avouer qu'il se met d'étranges folies dans la tête des hommes, et que, pour avoir bien étudié, on est bien moins sage le plus souvent. Pour moi, monsieur, je n'ai point étudié comme vous, Dieu merci ! et personne ne saurait se vanter de m'avoir jamais rien appris ; mais, avec mon petit sens, mon petit jugement, je vois les choses mieux que tous les livres, et je comprends fort bien que ce monde que nous voyons n'est pas un champignon qui soit venu tout seul en une nuit. Je voudrais bien vous demander qui a fait ces arbres-là, ces rochers, cette terre, et ce ciel que voilà là-haut ; et si tout cela s'est bâti de lui-même. Vous voilà, vous, par exemple ; vous êtes là : est-ce que vous vous êtes fait tout seul, et n'a-t-il pas fallu que votre père ait engrossé votre mère pour vous faire? Pouvez-vous voir toutes les inventions dont la machine de l'homme est composée sans admirer de quelle façon tout cela est agencé l'un dans l'autre? Ces nerfs, ces os, ces veines, ces artères, ces..... ce poumon, ce cœur, ce foie, et tous ces autres ingrédients qui sont là, et qui..... Oh! dame! interrompez-moi donc, si vous voulez. Je ne saurais disputer si l'on ne m'interrompt. Vous vous taisez exprès et me laissez parler par belle malice.

DON JUAN.

J'attends que ton raisonnement soit fini.

SGANARELLE.

Mon raisonnement est qu'il y a quelque chose d'admirable dans l'homme, quoi que vous puissiez dire, que tous les savants ne sauraient expliquer. Cela n'est-il pas merveilleux que me voilà ici, et que j'aie quelque chose dans la tête qui pense cent choses différentes en un moment, et fait de mon corps tout ce qu'elle veut? Je veux frapper des mains, hausser le bras, lever les yeux au ciel, baisser la tête, remuer les pieds, aller à droite, à gauche, en avant, en arrière, tourner..... *(Il se laisse tomber en tournant.)*

DON JUAN.

Bon! voilà ton raisonnement qui a le nez cassé!

SGANARELLE.

Morbleu! je suis bien sot de m'amuser à raisonner avec vous; croyez ce que vous voudrez; il m'importe bien que vous soyez damné!

DON JUAN.

Mais, tout en raisonnant, je crois que nous sommes égarés. Appelle un peu cet homme que voilà là-bas, pour lui demander le chemin.

SCÈNE II

DON JUAN, SGANARELLE, UN PAUVRE

SGANARELLE.

Holà! ho! l'homme! oh! mon compère! ho! l'ami! un petit mot s'il vous plaît. Enseignez-nous un peu le chemin qui mène à la ville.

LE PAUVRE.

Vous n'avez qu'à suivre cette route, Messieurs, et détourner à main droite quand vous serez au bout de la forêt; mais je vous donne avis que vous devez vous tenir sur vos gardes, et que, depuis quelque temps, il y a des voleurs ici autour.

DON JUAN.

Je te suis obligé, mon ami, et je te rends grâce de tout mon cœur.

LE PAUVRE.

Si vous vouliez me secourir, Monsieur, de quelque aumône?

DON JUAN.

Ah! ah! ton avis est intéressé, à ce que je vois.

LE PAUVRE.

Je suis un pauvre homme, Monsieur, retiré tout seul dans ce bois depuis six ans, et je ne manquerai pas de prier le ciel qu'il vous donne toute sorte de biens.

DON JUAN.

Eh! prie le ciel qu'il te donne un habit, sans te mettre en peine des affaires des autres.

SGANARELLE.

Vous ne connaissez pas monsieur, bon homme ; il ne croit qu'en deux et deux sont quatre, et en quatre et quatre sont huit.

DON JUAN.

Quelle est ton occupation parmi ces arbres?

LE PAUVRE.

De prier le ciel tout le jour pour la prospérité des gens de bien qui me donnent quelque chose.

DON JUAN.

Il ne se peut donc pas que tu ne sois bien à ton aise?

LE PAUVRE.

Hélas! Monsieur, je suis dans la plus grande nécessité du monde.

DON JUAN.

Tu te moques: un homme qui prie le ciel tout le jour ne peut pas manquer d'être bien dans ses affaires.

LE PAUVRE.

Je vous assure, Monsieur, que le plus souvent je n'ai pas un morceau de pain à mettre sous les dents.

DON JUAN.

Voilà qui est étrange, et tu es bien mal reconnu de tes soins. Ah ! ah ! je m'en vais te donner un louis d'or tout à l'heure, pourvu que tu veuilles jurer.

LE PAUVRE.

Ah ! Monsieur ! voudriez-vous que je commisse un tel péché ?

DON JUAN.

Tu n'as qu'à voir si tu veux gagner un louis d'or, ou non ; en voici un que je te donne si tu jures. Tiens, il faut jurer.

LE PAUVRE.

Monsieur...

DON JUAN.

A moins de cela, tu ne l'auras pas.

SGANARELLE.

Va, va, jure un peu ; il n'y a pas de mal.

DON JUAN.

Prends, le voilà ; prends, te dis-je ; mais jure donc.

LE PAUVRE.

Non, Monsieur, j'aime mieux mourir de faim.

DON JUAN.

Va, va, je te le donne pour l'amour de l'humanité. *(Regardant dans la forêt.)* Mais que vois-je là ? un homme attaqué par trois autres ! La partie est trop inégale, et je ne dois pas souffrir cette lâcheté. *(Il met l'épée à la main et court au lieu du combat.)*

SCÈNE III.

SGANARELLE, *seul.*

Mon maître est un vrai enragé d'aller se présenter à un péril qui ne le cherche pas ; mais, ma foi, le secours a servi, et les deux ont fait fuir les trois.

SCÈNE IV.

DON JUAN, DON CARLOS, SGANARELLE, *au fond du théâtre.*

DON CARLOS, *remettant son épée.*

On voit, par la fuite de ces voleurs, de quel secours est votre bras. Souffrez, monsieur, que je vous rende grâces d'une action si généreuse, et que...

DON JUAN.

Je n'ai rien fait, Monsieur, que vous n'eussiez fait à ma place. Notre propre honneur est intéressé dans de pareilles aventures ; et l'action de ces coquins était si lâche, que c'eût été y prendre part que de ne s'y pas opposer. Mais par quelle rencontre vous êtes-vous trouvé entre leurs mains ?

DON CARLOS.

Je m'étais, par hasard, égaré d'un frère et de tous ceux de notre suite ; et comme je cherchais à les rejoindre, j'ai fait rencontre de ces voleurs, qui, d'abord, ont tué mon cheval, et qui, sans votre valeur, en auraient fait autant de moi.

DON JUAN.

Votre dessein était-il d'aller du côté de la ville?

DON CARLOS.

Oui, mais sans y vouloir entrer; et nous nous voyons obligés, mon frère et moi, à tenir la campagne pour une de ces fâcheuses affaires qui réduisent les gentilshommes à se sacrifier, eux et leur famille, à la sévérité de leur honneur, puisqu'enfin le plus doux succès en est toujours funeste, et que, si l'on ne quitte pas la vie, on est contraint de quitter le royaume; et c'est en quoi je trouve la condition d'un gentilhomme malheureuse, de ne pouvoir point s'assurer sur toute la prudence et toute l'honnêteté de sa conduite, d'être asservi par les lois de l'honneur au dérèglement de la conduite d'autrui et de voir sa vie, son repos et ses biens dépendre la fantaisie du premier téméraire qui s'avisera de lui faire une de ces injures pour qui un honnête homme doit périr.

DON JUAN.

On a cet avantage qu'on fait courir le même risque et passer aussi mal le temps à ceux qui prennent fantaisie de nous venir offenser de gaieté de cœur. Mais ne serait-ce point une indiscrétion que de vous demander quelle peut être votre affaire?

DON CARLOS.

La chose en est aux termes de n'en plus faire de secret; et lorsque l'injure a une fois éclaté, notre honneur ne va point à vouloir cacher notre honte, mais à faire éclater notre vengeance et à publier même le dessein que nous en avons. Ainsi, Monsieur, je ne feindrai point de vous dire que l'offense que nous cherchons à venger est une sœur séduite et enlevée d'un couvent, et que l'auteur de cette offense est un don Juan Tenorio, fils de don Louis Tenorio. Nous le cherchons depuis quelques jours, et nous l'avons suivi ce matin sur le rapport d'un valet qui nous a dit qu'il sortait à cheval, accompagné de quatre ou cinq, et qu'il avait pris le long de cette côte; mais tous nos soins ont été inutiles, et nous n'avons pu découvrir ce qu'il est devenu.

DON JUAN.

Le connaissez-vous, Monsieur, ce don Juan dont vous parlez?

DON CARLOS.

Non, quant à moi. Je ne l'ai jamais vu et je l'ai seulement ouï dépeindre à mon frère; mais la renommée n'en dit pas force bien, et c'est un homme dont la vie...

DON JUAN.

Arrêtez, Monsieur, s'il vous plaît. Il est un peu de mes amis, et ce serait à moi une espèce de lâcheté que d'en ouïr dire du mal.

DON CARLOS.

Pour l'amour de vous, Monsieur, je n'en dirai rien du tout, et c'est bien la moindre chose que je vous doive, après m'avoir sauvé la vie que de me taire devant vous d'une personne que vous connaissez, lorsque je ne puis en parler sans en dire du mal; mais quelque ami que vous lui soyez, j'ose espérer que vous n'approuvez pas son action et ne trouverez pas étrange que nous cherchions d'en prendre la vengeance.

DON JUAN.

Au contraire, je vous y veux servir, et vous épargner des soins inutiles. Je suis ami de don Juan, je ne puis pas m'en empêcher; mais il n'est pas raisonnable qu'il offense impunément des gentilshommes, et je m'engage à vous faire faire raison par lui.

DON CARLOS.

Et quelle raison peut-on faire à ces sortes d'injures?

DON JUAN.

Toute celle que votre honneur peut souhaiter; et, sans vous donner la peine de chercher don Juan davantage, je m'oblige à le faire trouver au lieu que vous voudrez, et quand il vous plaira.

DON CARLOS.

Cet espoir est bien doux, Monsieur, à des cœurs offensés; mais, après ce que je vous dois, ce me serait une trop sensible douleur, que vous fussiez de la partie.

DON JUAN.

Je suis si attaché à don Juan, qu'il ne saurait se battre que je ne me batte aussi; mais enfin, j'en réponds comme de moi-même, et vous n'avez qu'à dire quand vous voulez qu'il paraisse et vous donne satisfaction.

DON CARLOS.

Que ma destinée est cruelle! Faut-il que je

vous doive la vie, et que don Juan soit de vos amis!

SCÈNE V.

DON ALONSE, DON CARLOS, DON JUAN, SGANARELLE.

DON ALONSE, *parlant à ceux de sa suite, sans voir don Carlos ni don Juan.*

Faites boire là mes chevaux, et qu'on les amène après nous, je veux un peu marcher à pied. (*Les apercevant tous deux.*) O ciel, que vois-je ici! Quoi! mon frère, vous voilà avec notre ennemi mortel!

DON CARLOS.

Notre ennemi mortel!

DON JUAN, *mettant la main sur la garde de son épée.*

Oui, je suis don Juan, et l'avantage du nombre ne m'obligera pas à vouloir déguiser mon nom.

DON ALONSE, *mettant l'épée à la main.*

Ah, traître! il faut que tu périsses, et.....
(*Sganarelle court se cacher.*)

DON CARLOS.

Ah, mon frère, arrêtez! Je lui suis redevable de la vie; et, sans le secours de son bras, j'aurais été tué par des voleurs que j'ai trouvés.

DON ALONSE.

Et voulez-vous que cette considération empêche notre vengeance? Tous les services que nous rend une main ennemie ne sont d'aucun mérite pour engager notre âme; et, s'il faut mesurer l'obligation à l'injure, votre reconnaissance, mon frère, est ici ridicule; et, comme l'honneur est infiniment plus précieux que la vie, c'est ne devoir rien proprement que d'être redevable de la vie à qui nous a ôté l'honneur.

DON CARLOS.

Je fais la différence, mon frère, qu'un gentilhomme doit toujours mettre entre l'un et l'autre; et la reconnaissance de l'obligation n'efface point en moi le ressentiment de l'injure; mais souffrez que je lui rende ici ce qu'il m'a prêté, que je m'acquitte sur-le-champ de la vie que je lui dois, par un délai de notre vengeance, et lui laisse la liberté de jouir, durant quelques jours, du fruit de son bienfait.

DON ALONSE.

Non, non, c'est hasarder notre vengeance que de la reculer, et l'occasion de la prendre peut ne plus revenir : le ciel nous l'offre ici, c'est à nous d'en profiter. Lorsque l'honneur est blessé mortellement, on ne doit point songer à garder aucunes mesures; et, si vous répugnez à prêter votre bras à cette action, vous n'avez qu'à vous retirer, et laisser à ma main la gloire d'un tel sacrifice.

DON CARLOS.

De grâce, mon frère...

DON ALONSE.

Tous ces discours sont superflus, il faut qu'il meure.

DON CARLOS.

Arrêtez-vous, vous dis-je, mon frère; je ne souffrirai point du tout qu'on attaque ses jours; et je jure le ciel que je le défendrai ici contre qui que ce soit, et je saurai lui faire un rempart de cette même vie qu'il a sauvée; et, pour adresser vos coups, il faudra que vous me perciez.

DON ALONSE.

Quoi! vous prenez le parti de notre ennemi contre moi; et loin d'être saisi à son aspect des mêmes transports que je sens, vous faites voir pour lui des sentiments pleins de douceur?

DON CARLOS.

Mon frère, montrons de la modération dans une action légitime, et ne vengeons point notre honneur avec cet emportement que vous témoignez. Ayons du cœur dont nous soyons les maîtres, une valeur qui n'ait rien de farouche, et qui se porte aux choses par une pure délibération de notre raison, et non point par le mouvement d'une aveugle colère. Je ne veux point, mon frère, demeurer redevable à mon ennemi, et je lui ai une obligation dont il faut que je m'acquitte avant toutes choses. Notre vengeance, pour être différée, n'en sera pas moins éclatante; au contraire, elle en tirera de l'avantage, et cette occasion de l'avoir pu prendre, la fera paraître plus juste aux yeux de tout le monde.

DON ALONSE.

O l'étrange faiblesse, et l'aveuglement effroyable, de hasarder ainsi les intérêts de son honneur pour la ridicule pensée d'une obligation chimérique.

DON CARLOS.

Non, mon frère, ne vous mettez pas en peine. Si je fais une faute, je saurai bien la réparer, et je me charge de tout le soin de notre honneur; je sais à quoi il nous oblige et cette suspension d'un jour que ma reconnaissance lui demande ne fera qu'augmenter l'ardeur que j'ai de le satisfaire. Don Juan, vous voyez que j'ai soin de vous rendre le bien que j'ai reçu de vous; et vous devez par là juger du reste, croire que je m'acquitte avec même chaleur de ce que je dois, et que je ne serai pas moins exact à vous payer l'injure que le bienfait. Je ne veux point vous obliger ici à expliquer vos sentiments, et je vous donne la liberté de penser à loisir aux résolutions que vous avez à prendre. Vous connaissez assez la grandeur de l'offense que vous nous avez faite, et je vous fais juge vous-même des réparations qu'elle demande. Il est des moyens doux pour nous satisfaire; il en est de violents et de sanglants; mais enfin, quelque choix que vous fassiez, vous m'avez donné parole de me faire faire raison par Don Juan. Songez à me la faire, je vous prie, et vous ressouvenez que, hors d'ici, je ne dois plus qu'à mon honneur.

DON JUAN.

Je n'ai rien exigé de vous, et vous tiendrai ce que j'ai promis.

DON CARLOS.

Allons, mon frère, un moment de douceur ne fait aucune injure à la sévérité de notre devoir.

SCÈNE VI

DON JUAN, SGANARELLE.

DON JUAN.

Holà, hé, Sganarelle.

SGANARELLE, *sortant de l'endroit où il était caché.*

Plaît-il?

DON JUAN.

Comment, coquin, tu fuis quand on m'attaque!

SGANARELLE.

Pardonnez-moi, monsieur, je viens seulement d'ici près. Je crois que cet habit est purgatif, et que c'est prendre médecine que de le porter.

DON JUAN.

Peste soit l'insolent! Couvre au moins ta poltronnerie d'un voile plus honnête. Sais-tu bien qui est celui à qui j'ai sauvé la vie?

SGANARELLE.

Moi? Non.

DON JUAN.

C'est un frère d'Elvire.

SGANARELLE.

Un....

DON JUAN.

Il est assez honnête homme; il en a bien usé, et j'ai regret d'avoir démêlé avec lui.

SGANARELLE.

Il vous serait aisé de pacifier toutes choses.

DON JUAN.

Oui; mais ma passion est usée pour Done Elvire, et l'engagement ne compatit point avec mon humeur. J'aime la liberté en amour, tu le sais, et je ne saurais me résoudre à renfermer mon cœur entre quatre murailles. Je te l'ai dit vingt fois, j'ai une pente naturelle à me laisser aller à tout ce qui m'attire. Mon cœur est à toutes les belles; et c'est à elles à le prendre tour à tour, et à le garder tant qu'elles le pourront. Mais quel est le superbe édifice que je vois entre ces arbres?

SGANARELLE.

Vous ne le savez pas?

DON JUAN.

Non vraiment.

SGANARELLE.

Bon, c'est le tombeau que le commandeur faisait faire lorsque vous le tuâtes.

DON JUAN.

Ah! tu as raison! Je ne savais pas que c'était de ce côté-ci qu'il était. Tout le monde m'a dit des merveilles de cet ouvrage, aussi bien que de la statue du commandeur, et j'ai envie de l'aller voir!

SGANARELLE.

Monsieur, n'allez point là.

DON JUAN.

Pourquoi?

SGANARELLE.

Cela n'est pas civil, d'aller voir un homme que vous avez tué.

DON JUAN.

Au contraire, c'est une visite dont je lui veux faire civilité, et qu'il doit recevoir de bonne grâce, s'il est galant homme. Allons, entrons dedans.

(*Le tombeau s'ouvre, et l'on voit la statue du Commandeur.*)

SGANARELLE.

Ah! que cela est beau! Les belles statues! le beau marbre! les beaux piliers! Ah! que cela est beau! Qu'en dites-vous, monsieur?

DON JUAN.

Qu'on ne peut voir aller plus loin l'ambition d'un homme mort; et ce que je trouve admirable, c'est qu'un homme qui s'est passé durant sa vie d'une assez simple demeure, en veuille avoir une si magnifique, pour quand il n'en a plus que faire.

SGANARELLE.

Voici la statue du Commandeur.

DON JUAN.

Parbleu, le voilà bon avec son habit d'empereur romain.

SGANARELLE.

Ma foi, Monsieur, voilà qui est bien fait. Il semble qu'il est en vie, et qu'il s'en va parler. Il jette des regards sur nous qui me feraient peur si j'étais tout seul, et je pense qu'il ne prend pas plaisir de nous voir.

DON JUAN.

Il aurait tort, et ce serait mal recevoir l'honneur que je lui fais. Demande-lui s'il veut venir souper avec moi.

SGANARELLE.

C'est une chose dont il n'a pas besoin, je crois.

DON JUAN.

Demande-lui, te dis-je.

SGANARELLE.

Vous moquez-vous? Ce serait être fou que d'aller parler à une statue.

DON JUAN.

Fais ce que je te dis.

SGANARELLE.

Quelle bizarrerie! Seigneur Commandeur..... (*A part.*) Je ris de ma sottise; mais c'est mon maître qui me la fait faire. (*Haut.*) Seigneur Commandeur, mon maître don Juan vous demande si vous voulez lui faire l'honneur de venir souper avec lui. (*La statue baisse la tête.*) Ah!

DON JUAN.

Qu'est-ce? Qu'as-tu? Dis donc. Veux-tu parler?

SGANARELLE *baissant la tête comme la statue.*

La statue.....

DON JUAN.

Hé bien, que veux-tu dire, traître?

SGANARELLE.

Je vous dis que la statue.....

DON JUAN.

Hé bien, la statue? je t'assomme, si tu ne parles.

SGANARELLE.

La statue m'a fait signe.

DON JUAN.

La peste, le coquin!

SGANARELLE.

Elle m'a fait signe, vous dis-je, il n'est rien de plus vrai. Allez-vous-en lui parler vous même pour voir. Peut-être.....

DON JUAN.

Viens, maraud, viens. Je te veux bien faire toucher au doigt ta poltronnerie, prends garde. Le Seigneur Commandeur voudrait-il venir souper avec moi? (*La statue baisse encore la tête.*)

SGANARELLE.

Je ne voudrais pas en tenir dix pistoles. Eh bien, Monsieur?

DON JUAN.

Allons, sortons d'ici.

SGANARELLE.

Voilà de mes esprits forts, qui ne veulent rien croire.

FIN DU TROISIÈME ACTE.

ACTE QUATRIÈME

Le théâtre représente l'appartement de don Juan.

SCÈNE I

DON JUAN, SGANARELLE, RAGOTIN

DON JUAN, *à Sganarelle.*

Quoi qu'il en soit, laissons cela. C'est une bagatelle, et nous pouvons avoir été trompés par un faux jour ou surpris de quelque vapeur qui nous ait troublé la vue.

SGANARELLE.

Hé! Monsieur, ne cherchez point à démentir ce que nous avons vu des yeux que voilà. Il n'est rien de plus véritable que ce signe de tête; et je ne doute point que le ciel, scandalisé de votre vie, n'ait produit ce miracle pour vous convaincre, et pour vous retirer de...

DON JUAN.

Ecoute. Si tu m'importunes davantage de tes sottes moralités, si tu me dis le moindre mot là-dessus, je vais appeler quelqu'un, demander un nerf de bœuf, te faire tenir par trois ou quatre et te rouer de mille coups M'entends-tu bien?

SGANARELLE.

Fort bien, Monsieur, le mieux du monde.

Vous vous expliquez clairement; c'est ce qu'il y a de bon en vous, que vous n'allez point chercher de détours; vous dites les choses avec une netteté admirable.

DON JUAN.

Allons, qu'on me fasse souper le plus tôt que l'on pourra. Une chaise, petit garçon.

SCÈNE II

DON JUAN, SGANARELLE, LA VIOLETTE, RAGOTIN.

LA VIOLETTE.

Monsieur, voilà votre marchand, M. Dimanche, qui demande à vous parler.

SGANARELLE.

Bon. Voilà ce qu'il nous faut, qu'un compliment de créancier. De quoi s'avise-t-il de nous venir demander de l'argent; et que ne lui disais-tu que monsieur n'y est pas?

LA VIOLETTE.

Il y a trois quarts d'heure que je lui dis; mais il ne veut pas le croire, et s'est assis là-dedans pour attendre.

SGANARELLE.

Qu'il attende tant qu'il voudra.

DON JUAN.

Non, au contraire, faites-le entrer. C'est une fort mauvaise politique que de se faire céler aux créanciers. Il est bon de les payer de quelque chose; et j'ai le secret de les renvoyer satisfaits, sans leur donner un double.

SCÈNE III

DON JUAN, M. DIMANCHE, SGANARELLE LA VIOLETTE, RAGOTIN.

DON JUAN.

Ah, Monsieur Dimanche, approchez! Que je suis ravi de vous voir, et que je veux du mal à mes gens de ne vous pas faire entrer tout d'abord! J'avais donné ordre qu'on ne me fît parler à personne; mais cet ordre n'est pas pour vous; et vous êtes en droit de ne trouver jamais de porte fermée chez moi.

M. DIMANCHE.

Monsieur, je vous suis fort obligé.

DON JUAN, *parlant à la Violette et à Ragotin.*

Parbleu, coquins, je vous apprendrai à laisser M. Dimanche dans une antichambre, et je vous ferai connaître les gens.

M. DIMANCHE.

Monsieur, cela n'est rien.

DON JUAN, *à M. Dimanche.*

Comment? vous dire que je n'y suis pas; à M. Dimanche, au meilleur de mes amis?

M. DIMANCHE.

Monsieur, je suis votre serviteur. J'étais venu...

DON JUAN.

Allons vite, un siége pour M. Dimanche.

M. DIMANCHE.

Monsieur, je suis bien comme cela.

DON JUAN.

Point, point, je veux que vous soyez assis comme moi.

M. DIMANCHE.

Cela n'est point nécessaire.

DON JUAN.

Otez ce pliant, et apportez un fauteuil.

M. DIMANCHE.

Monsieur, vous vous moquez, et...

DON JUAN.

Non, non, je sais ce que je vous dois; et je ne veux point qu'on mette de différence entre nous deux.

M. DIMANCHE.

Monsieur.....

DON JUAN.

Allons, asseyez-vous.

M. DIMANCHE.

Il n'est pas besoin, Monsieur, et je n'ai qu'un mot à vous dire. J'étais...

DON JUAN.

Mettez-vous là, vous dis-je.

M. DIMANCHE.

Non, Monsieur, je suis bien. Je viens pour...

DON JUAN.

Non, je ne vous écoute point, si vous n'êtes point assis.

M. DIMANCHE.

Monsieur, je fais ce que vous voulez. Je...

DON JUAN.

Parbleu, Monsieur Dimanche, vous vous portez bien?

M. DIMANCHE.

Oui, Monsieur, pour vous rendre service. Je suis venu...

DON JUAN.

Vous avez un fond de santé admirable, des lèvres fraîches, un teint vermeil et des yeux vifs.

M. DIMANCHE.

Je voudrais bien...

DON JUAN.

Comment se porte madame Dimanche, votre épouse?

M. DIMANCHE.

Fort bien, Monsieur, Dieu merci.

DON JUAN.

C'est une brave femme.

M. DIMANCHE.

Elle est votre servante, Monsieur. Je venais...

DON JUAN.

Et votre petite fille Claudine, comment se porte-t-elle?

M. DIMANCHE.

Le mieux du monde.

DON JUAN.

La jolie petite fille que c'est. Je l'aime de tout mon cœur.

M. DIMANCHE.

C'est trop d'honneur que vous lui faites, Monsieur. Je vou...

DON JUAN.

Et le petit Colin fait-il toujours bien du bruit avec son tambour?

M. DIMANCHE.

Toujours de même, Monsieur. Je...

DON JUAN.

Et votre petit chien Brusquet, gronde-t-il toujours aussi fort, et mord-il toujours bien aux jambes les gens qui vont chez vous?

M. DIMANCHE.

Plus que jamais, Monsieur, et nous ne saurons en chevir.

DON JUAN.

Ne vous étonnez pas si je m'informe des nouvelles de toute la famille, car j'y prends beaucoup d'intérêt.

M. DIMANCHE.

Nous vous sommes, Monsieur, infiniment obligés. Je...

DON JUAN, *lui tendant la main.*

Touchez donc là, Monsieur Dimanche. Etes-vous bien de mes amis?

M. DIMANCHE.

Monsieur, je suis votre serviteur.

DON JUAN.

Parbleu, je suis à vous de tout mon cœur.

M. DIMANCHE.

Vous m'honorez trop. Je...

DON JUAN.

Il n'y a rien que je ne fisse pour vous.

M. DIMANCHE.

Monsieur, vous avez trop de bonté pour moi.

DON JUAN.

Et cela sans intérêt, je vous prie de le croire.

M. DIMANCHE.

Je n'ai point mérité cette grâce assurément; mais, Monsieur...

DON JUAN.

Oh çà, monsieur Dimanche, sans façon, voulez-vous souper avec moi?

M. DIMANCHE.

Non, Monsieur, il faut que je m'en retourne tout à l'heure. Je...

DON JUAN, *se levant.*

Allons, vite un flambeau pour conduire Monsieur Dimanche, et que quatre ou cinq de mes gens prennent des mousquetons pour l'escorter.

M. DIMANCHE, *se levant aussi.*

Monsieur, il n'est pas nécessaire, et je m'en irai bien tout seul. Mais...
(Sganarelle ôte les sièges promptement.)

DON JUAN.

Comment! Je veux qu'on vous escorte, et je m'intéresse trop à votre personne. Je suis votre serviteur, et de plus, votre débiteur.

M. DIMANCHE.

Ah, Monsieur!...

DON JUAN.

C'est une chose que je ne cache pas, et je le dis à tout le monde.

M. DIMANCHE.

Si...

DON JUAN.

Voulez-vous que je vous reconduise?

M. DIMANCHE.

Ah! Monsieur, vous vous moquez! Monsieur...

DON JUAN.

Embrassez-moi donc, s'il vous plaît. Je vous prie, encore une fois, d'être persuadé que je suis tout à vous, et qu'il n'y a rien au monde que je ne fisse pour votre service. *(Il sort.)*

SCÈNE IV

M. DIMANCHE, SGANARELLE.

SGANARELLE.

Il faut avouer que vous avez en monsieur un homme qui vous aime bien.

M. DIMANCHE.

Il est vrai ; il me fait tant de civilités et tant de compliments, que je ne saurais jamais lui demander de l'argent.

SGANARELLE.

Je vous assure que toute sa maison périrait pour vous ; et je voudrais qu'il vous arrivât quelque chose, que quelqu'un s'avisât de vous donner des coups de bâton, vous verriez de quelle manière.....

M. DIMANCHE.

Je le crois ; mais, Sganarelle, je vous prie de lui dire un petit mot de mon argent.

SGANARELLE.

Oh! ne vous mettez pas en peine, il vous payera le mieux du monde.

M. DIMANCHE.

Mais vous, Sgnarelle, vous me devez quelque chose en votre particulier.

SGANARELLE.

Fi! ne parlez pas de cela.

M. DIMANCHE.

Comment! Je...

SGANARELLE.

Ne sais-je pas bien que je vous dois?

M. DIMANCHE.

Oui. Mais...

SGANARELLE.

Allons, monsieur Dimanche, je vais vous éclairer.

M. DIMANCHE.

Mais, mon argent.

SGANARELLE, *prenant M. Dimanche par le bras.*

Vous moquez-vous?

M. DIMANCHE.

Je veux...

SGANARELLE, *le tirant.*

Hé.

M. DIMANCHE.

J'entends....

SGANARELLE, *le poussant vers la porte.*

Bagatelle.

M. DIMANCHE.

Mais...

SGANARELLE, *le poussant encore*

Fi!

M. DIMANCHE.

Je...

SGANARELLE, *le poussant tout à fait hors du théâtre.*

Fi ! vous dis-je.

SCÈNE V.

DON JUAN, LA VIOLETTE, SGANARELLE.

LA VIOLETTE, *à Don Juan.*

Monsieur, voilà monsieur votre père.

DON JUAN.

Ah ! me voici bien ! Il me fallait cette visite pour me faire enrager.

SCÈNE VI.

DON LOUIS, DON JUAN, SGANARELLE.

DON LOUIS.

Je vois bien que je vous embarrasse, et que vous vous passeriez fort aisément de ma venue. A dire vrai, nous nous incommodons étrangement l'un l'autre ; si vous êtes las de me voir, je suis bien las aussi de vos déportements. Hélas ! que nous savons peu ce que nous faisons quand nous ne laissons pas au ciel le soin des choses qu'il nous faut, quand nous voulons être plus avisés que lui, et que nous venons l'importuner par nos souhaits aveugles et nos demandes inconsidérées ! J'ai souhaité un fils avec des ardeurs nonpareilles ; je l'ai demandé sans relâche avec des transports incroyables; et ce fils, que j'obtins en fatiguant le ciel de vœux, est le chagrin et le supplice de cette vie meme dont je croyais qu'il devait être la joie et la consolation De quel œil, à votre avis, pensez-vous que je puisse voir cet amas d'actions indignes, dont on a peine, aux yeux du monde, d'adoucir le mauvais visage, cette suite continuelle de méchantes affaires qui nous réduisent à toute heure à lasser les bontés du souverain, et qui ont épuisé auprès de lui le mérite de mes services et le crédit de mes amis! Ah! quelle bassesse est la vôtre! Ne rougissez-vous point de mériter si peu votre naissance? Êtes-vous en droit, dites-moi, d'en tirer quelque vanité, et qu'avez-vous fait dans le monde pour être gentilhomme? Croyez-vous qu'il suffise d'en porter le nom et les armes, et que ce nous soit une gloire d'être sorti d'un sang noble lorsque nous vivons en infâmes? Non, non, la naissance n'est rien où la vertu n'est pas. Aussi nous n'avons part à la gloire de nos ancêtres qu'autant que nous nous efforçons de leur ressembler; et cet éclat de leurs actions qu'ils répandent sur nous nous impose un engagement de leur faire le même honneur, de suivre les pas qu'ils nous tracent, et de ne point dégénérer de leur vertu, si nous voulons être estimés leurs véritables descendants. Ainsi, vous descendez en vain des aïeux dont vous êtes né, ils vous désavouent pour leur sang, et tout ce qu'ils ont fait d'illustre ne vous donne aucun avantage; au contraire, l'éclat n'en rejaillit sur vous qu'à votre déshonneur, et leur gloire est un flambeau qui éclaire aux yeux d'un chacun la honte de vos actions. Apprenez enfin qu'un gentilhomme qui vit mal est un monstre dans la nature; que la vertu est le premier titre de noblesse; que je regarde bien moins au nom qu'on signe qu'aux actions qu'on fait, et que je ferais plus d'état du fils d'un crocheteur qui serait honnête homme que du fils d'un monarque qui vivrait comme vous.

DON JUAN.

Monsieur, si vous étiez assis, vous en seriez mieux pour parler.

DON LOUIS.

Non, insolent, je ne veux point m'asseoir, ni parler davantage, et je vois bien que toutes mes paroles ne font rien sur ton âme; mais sache, fils indigne, que la tendresse paternelle est poussée à bout par tes actions; que je saurai, plus tôt que tu ne penses, mettre une borne à tes déréglements, prévenir sur toi le courroux du ciel, et laver, par ta punition, la honte de t'avoir fait naître.

SCÈNE VII

DON JUAN, SGANARELLE.

DON JUAN, *adressant encore la parole à son père quoiqu'il soit sorti.*

Eh! mourez le plus tôt que vous pourrez, c'est le mieux que vous puissiez faire. Il faut que chacun ait son tour, et j'enrage de voir des pères qui vivent autant que leurs fils.

(Il se met dans un fauteuil.)

SGANARELLE.

Ah! Monsieur, vous avez tort!

DON JUAN, *se levant.*

J'ai tort!

SGANARELLE, *tremblant.*

Monsieur...

DON JUAN.

J'ai tort!

SGANARELLE.

Oui, Monsieur, vous avez tort d'avoir souffert ce qu'il vous a dit, et vous le deviez mettre dehors par les épaules. A-t-on jamais rien vu de plus impertinent? Un père venir faire des remontrances à son fils, et lui dire de corriger ses actions, de se ressouvenir de sa naissance, de mener une vie d'honnête homme, et cent autres sottises de pareille nature! Cela se peut-il souffrir à un homme comme vous, qui savez comme il faut vivre? J'admire votre patience, et, si j'avais été en votre place, je l'aurais envoyé promener. *(Bas, à part.)* O complaisance maudite, à quoi me réduis-tu!

DON JUAN.

Me fera-t-on souper bientôt?

SCÈNE VIII.

DON JUAN, SGANARELLE, RAGOTIN.

RAGOTIN.

Monsieur, voici une dame voilée qui vient vous parler.

DON JUAN.

Que pourrait-ce être?

SGANARELLE.

Il faut voir.

SCÈNE IX.

DONE ELVIRE *voilée*, DON JUAN, SGANARELLE.

DONE ELVIRE.

Ne soyez point surpris, Don Juan, de me voir à cette heure et dans cet équipage. C'est un motif pressant qui m'oblige à cette visite, et ce que j'ai à vous dire ne veut point du tout de retardement. Je ne viens point ici pleine de ce courroux que j'ai tantôt fait éclater, et vous me voyez bien changée de ce que j'étais ce matin. Ce n'est plus cette Done Elvire qui faisait des vœux contre vous, et dont l'âme irritée ne jetait que menaces et ne respirait que vengeance. Le ciel a banni de mon âme toutes ces indignes ardeurs que je sentais pour vous, tous ces transports tumultueux d'un attachement criminel, tous ces honteux emportements d'un amour terrestre et grossier; et il n'a laissé dans mon cœur pour vous qu'une flamme épurée de tout le commerce des sens, une tendresse toute sainte, un amour détaché de tout, qui n'agit point pour soi, et ne se met en peine que de votre intérêt.

DON JUAN, *bas à Sganarelle.*

Tu pleures, je pense ?

SGANARELLE.

Pardonnez-moi.

DONE ELVIRE.

C'est ce parfait et pur amour qui me conduit ici pour votre bien, pour vous faire part d'un avis du ciel, et tâcher de vous retirer du précipice où vous courez. Oui, don Juan, je sais tous les déréglements de votre vie; et ce même ciel, qui m'a touché le cœur et fait jeter les yeux sur les égarements de ma conduite, m'a inspiré de vous venir trouver, et vous dire de sa part que vos offenses ont épuisé sa miséricorde, que sa colere redoutable est prês de tomber sur vous, qu'il est en vous de l'éviter par un prompt repentir; et que, peut-être vous n'avez pas encore un jour à vous pouvoir soustraire au plus grand de tous les malheurs. Pour moi, je ne tiens plus à vous par aucun attachement du monde. Je suis revenue, grâce au ciel, de toutes mes folles pensées; ma retraite est résolue, et je ne demande qu'assez de vie pour pouvoir expier la faute que j'ai faite, et mériter, par une austère pénitence, le pardon de l'aveuglement où m'ont plongée les transports d'une passion condamnable. Mais, dans cette retraite, j'aurais une douleur extrême qu'une personne que j'ai chérie tendrement devînt un exemple funeste de la justice du ciel, et ce me sera une joie incroyable si je puis vous porter à détourner de dessus votre tête l'épouvantable coup qui vous menace. De grâce, Don Juan, accordez-moi pour dernière faveur cette douce consolation ; ne me refusez pas votre salut, que je vous demande avec larmes ; et, si vous n'êtes point touché de votre intérêt, soyez-le au moins de mes prières, et m'épargnez le cruel déplaisir de vous voir condamner à des supplices éternels.

SGANARELLE, *à part.*

Pauvre femme !

DONE ELVIRE.

Je vous ai aimé avec une tendresse extrême ; rien au monde ne m'a été si cher que vous ; j'ai oublié mon devoir pour vous, j'ai fait toutes choses pour vous ; et, toute la récompense que je vous en demande, c'est de corriger votre vie, et de prévenir votre perte. Sauvez-vous, je vous prie, ou pour l'amour de vous, ou pour l'amour de moi. Encore une fois, Don Juan, je vous le demande avec larmes ; et si ce n'est assez des larmes d'une personne que vous avez aimée, je vous en conjure par tout ce qui est le plus capable de vous toucher.

SGANARELLE, *à part, regardant Don Juan.*

Cœur de tigre !

DONE ELVIRE.

Je m'en vais, après ce discours, et voilà tout ce que j'avais à vous dire.

DON JUAN.

Madame, il est tard, demeurez ici; on vous y logera le mieux qu'on pourra.

DONE ELVIRE.

Non, Don Juan, ne me retenez pas davantage.

DON JUAN.

Madame, vous me ferez plaisir de demeurer, je vous assure.

DONE ELVIRE.

Non, vous dis-je, ne perdons point de temps en discours superflus. Laissez-moi vite aller, ne faites aucune instance pour me conduire, et songez seulement à profiter de mon avis.

SCÈNE X

DON JUAN, SGANARELLE.

DON JUAN.

Sais-tu bien que j'ai encore senti quelque peu d'émotion pour elle, que j'ai trouvé de l'agrément dans cette nouveauté bizarre, et que son habit négligé, son air languissant et ses larmes, ont réveillé en moi quelque petits restes d'un feu éteint !

SGANARELLE.

C'est-à-dire que ses paroles n'ont fait aucun effet sur vous?

DON JUAN.

Vite à souper.

SGANARELLE.

Fort bien.

SCÈNE XI.

DON JUAN, SGANARELLE, LA VIOLETTE, RAGOTIN.

DON JUAN, *se mettant à table.*

Sganarelle, il faut songer à s'amender pourtant.

SGANARELLE.

Oui-da.

DON JUAN.

Oui, ma foi, il faut s'amender. Encore vingt ou trente ans de cette vie-ci, et puis nous songerons à nous.

SGANARELLE.

Oh!

DON JUAN.

Qu'en dis-tu?

SGANARELLE.

Rien. Voilà le souper.

(*Il prend un morceau d'un des plats qu'on apporte, et le met dans sa bouche.*)

DON JUAN.

Il me semble que tu as la joue enflée; qu'est-ce que c'est? Parle donc. Qu'as-tu là?

SGANARELLE.

Rien.

DON JUAN.

Montre un peu. Parbleu, c'est une fluxion

qui lui est tombée sur la joue. Vite une lancette pour percer cela. Le pauvre garçon n'en peut plus, et cet abcès le pourrait étouffer. Attends, voyez comme il était mûr. Ah ! coquin que vous êtes !...

SGANARELLE.

Ma foi, Monsieur, je voulais voir si votre cuisinier n'avait point mis trop de sel ou trop de poivre.

DON JUAN.

Allons, mets-toi là, et mange. J'ai affaire de toi, quand j'aurai soupé. Tu as faim, à ce que je vois.

SGANARELLE, *se mettant à table.*

Je le crois bien, Monsieur ; je n'ai point mangé depuis ce matin. Tâtez de cela ; voilà qui est le meilleur du monde. (*A Ragotin qui, à mesure que Sganarelle met quelque chose sur son assiette, la lui ôte dès que Sganarelle tourne la tête.*) Mon assiette, mon assiette. Tout doux, s'il vous plaît. Vertubleu, petit compère, que vous êtes habile à donner des assiettes nettes ! Et vous, petit la Violette, que vous savez présenter à boire à propos !

(*Pendant que la Violette donne à boire à Sganarelle, Ragotin lui ôte encore son assiette.*)

DON JUAN.

Qui peut frapper de cette sorte ?

SGANARELLE.

Qui, diable, nous vient troubler dans notre repas ?

DON JUAN.

Je veux souper en repos au moins, et qu'on ne laisse entrer personne.

SGANARELLE.

Laissez-moi, je m'y en vais moi-même.

DON JUAN, *voyant revenir Sganarelle effrayé.*

Qu'est-ce donc? Qu'y a-t-il?

SGANARELLE, *baissant la tête comme la statue.*

Le... qui est là.

DON JUAN.

Allons voir, et montrons que rien ne me saurait ébranler.

SGANARELLE.

Ah! pauvre Sganarelle! où te cacheras-tu?

SCÈNE XII

DON JUAN, LA STATUE du Commandeur, SGANARELLE, LA VIOLETTE, RAGOTIN.

DON JUAN, *à ses gens.*

Une chaise et un couvert. Vite donc.

(Don Juan et la Statue se mettent à table.)

(à Sganarelle.)

Allons, mets-toi à table.

SGANARELLE.

Monsieur, je n'ai plus faim.

DON JUAN.

Mets-toi là, te dis-je. A boire. A la santé du Commandeur. Je te la porte, Sganarelle. Qu'on lui donne du vin.

SGANARELLE.

Monsieur, je n'ai pas soif.

DON JUAN.

Bois, et chante ta chanson pour régaler le Commandeur.

SGANARELLE.

Je suis enrhumé, Monsieur.

DON JUAN.

Il n'importe. Allons. (*A ses gens.*) Vous autres, venez, accompagnez sa voix.

LA STATUE.

Don Juan, c'est assez. Je vous invite à venir demain souper avec moi. En aurez-vous le courage?

DON JUAN.

Oui. J'irai, accompagné du seul Sganarelle.

SGANARELLE.

Je vous rends grâces, il est demain jeûne pour moi.

DON JUAN, *à Sganarelle.*

Prends ce flambeau.

LA STATUE.

On n'a pas besoin de lumière quand on est conduit par le ciel.

FIN DU QUATRIÈME ACTE.

ACTE CINQUIÈME

Le théâtre représente une campagne.

SCÈNE I.

DON LOUIS, DON JUAN, SGANARELLE.

DON LOUIS.

Quoi, mon fils! serait-il possible que la bonté du ciel eût exaucé mes vœux? Ce que vous me dites est-il bien vrai? Ne m'abusez-vous point d'un faux espoir, et puis-je prendre quelque assurance sur la nouveauté surprenante d'une telle conversion?

DON JUAN.

Oui, vous me voyez revenu de toutes mes erreurs; je ne suis plus le même d'hier au soir, et le ciel, tout d'un coup, a fait en moi un changement qui va surprendre tout le monde. Il a touché mon âme et dessillé mes yeux; et je regarde avec horreur le long aveuglement où j'ai été, les désordres criminels de la vie que j'ai menée. J'en repasse dans mon esprit toutes les abominations, et m'étonne comme le ciel les a pu souffrir si longtemps, et n'a pas vingt fois, sur ma tête, laissé tomber les coups de sa justice redoutable. Je vois les grâces que sa bonté m'a faites en ne me punissant point de mes crimes; et je prétends en profiter comme je dois, faire éclater aux yeux du monde un soudain changement de vie, réparer par là le scandale de mes actions passées, et m'efforcer d'en obtenir du ciel une pleine rémission. C'est à quoi je vais travailler; et je vous prie, Monsieur, de vouloir bien contribuer à ce dessein, et de m'aider vous-même à faire choix d'une personne qui me serve de guide, et sous la conduite de qui je puisse marcher sûrement dans le chemin où je m'en vais entrer.

DON LOUIS.

Ah! mon fils, que la tendresse d'un père est aisément rappelée, et que les offenses d'un fils s'évanouissent vite au moindre mot de repentir! Je ne me souviens plus déjà de tous les déplaisirs que vous m'avez donnés, et tout est effacé par les paroles que vous venez de me faire entendre. Je ne me sens pas, je l'avoue; je jette des larmes de joie, tous mes vœux sont satisfaits, et je n'ai plus rien désormais à demander au ciel. Embrassez-moi, mon fils, et persistez, je vous conjure, dans cette louable pensée. Pour moi, j'en vais, tout de ce pas, porter l'heureuse nouvelle à votre mère, partager avec elle les doux transports du ravissement où je suis, et rendre grâces au ciel des saintes résolutions qu'il a daigné vous inspirer.

SCÈNE II.

DON JUAN, SGANARELLE.

SGANARELLE.

Ah! Monsieur, que j'ai de joie de vous voir

converti! Il y a longtemps que j'attendais cela; et voilà, grâces au ciel, tous mes souhaits accomplis.

DON JUAN.

La peste le benêt

SGANARELLE.

Comment? le benêt!

DON JUAN.

Quoi! tu prends pour de bon argent ce que je viens de dire, et tu crois que ma bouche était d'accord avec mon cœur!

SGANARELLE.

Quoi! ce n'est pas..... Vous ne..... Votre..... (*A part.*) O quel homme! quel homme! quel homme!

DON JUAN.

Non, non, je ne suis point changé, et mes sentiments sont toujours les mêmes.

SGANARELLE.

Vous ne vous rendez pas à la surprenante merveille de cette statue mouvante et parlante!

DON JUAN.

Il y a bien quelque chose là-dedans que je ne comprends pas; mais, quoi que ce puisse être, cela n'est pas capable, ni de convaincre mon esprit, ni d'ébranler mon âme; et, si j'ai dit que je voulais corriger ma conduite, et me jeter dans un train de vie exemplaire, c'est un dessein que j'ai formé par pure politique, un stratagème utile, une grimace nécessaire où je veux me contraindre, pour ménager un père dont j'ai besoin et me mettre à couvert, du côté des hommes, de cent fâcheuses aventures qui pourraient m'arriver. Je veux bien, Sganarelle, t'en faire confidence, et je suis bien aise d'avoir un témoin des véritables motifs qui m'obligent à faire les choses.

SGANARELLE.

Quoi! toujours libertin et débauché, vous voulez cependant vous ériger en homme de bien!

DON JUAN.

Et pourquoi non? Il y en a tant d'autres comme moi, qui se mêlent de ce métier, et qui se servent du même masque pour abuser le monde!

SGANARELLE *à part.*

Ah, quel homme! quel homme!

DON JUAN.

Il n'y a plus de honte maintenant à cela: l'hypocrisie est un vice à la mode, et tous les vices à la mode passent pour vertus. Le personnage d'homme de bien est le meilleur des personnages qu'on puisse jouer. Aujourd'hui, la profession d'hypocrite a de merveilleux avantages. C'est un art de qui l'imposture est toujours respectée; et, quoiqu'on la découvre, on n'ose rien dire contre elle. Tous les autres vices des hommes sont exposés à la censure, et chacun a la liberté de les attaquer hautement; mais l'hypocrisie est un vice privilégié, qui, de sa main, ferme la bouche à tout le monde, et jouit en repos d'une impunité souveraine. On lie, à force de grimaces, une société étroite avec tous les gens du parti. Qui en choque un, se les attire tous sur les bras; et ceux que l'on sait même agir de bonne foi là-dessus, et que chacun connaît pour être véritablement touchés, ceux-là, dis-je, sont toujours les dupes des autres; ils donnent bonnement dans le panneau des grimaciers, et appuient aveuglément les singes de leurs actions. Combien crois-tu que j'en connaisse qui, par ce stratagème, ont rhabillé adroitement les désordres de leur jeunesse, qui se font un bouclier du manteau de la religion, et sous cet habit respecté, ont la permission d'être les plus méchants hommes du monde? On a beau savoir leurs intrigues, et les connaître pour ce qu'ils sont, ils ne laissent pas pour cela d'être en crédit parmi les gens; et quelque baissement de tête, un soupir mortifié et deux roulements d'yeux rajustent dans le monde tout ce qu'ils peuvent faire. C'est sous cet abri favorable que je veux me sauver et mettre en sûreté mes affaires. Je ne quitterai point mes douces habitudes, mais j'aurai soin de me cacher, et me divertirai à petit bruit. Que si je viens à être découvert, je verrai, sans me remuer, prendre mes intérêts à toute ma cabale, et je serai défendu par elle envers et contre tous. Enfin, c'est là le vrai moyen de faire impunément tout ce que je voudrai. Je m'érigerai en censeur des actions d'autrui, jugerai mal de tout le monde, et n'aurai bonne opinion que de moi. Dès qu'une fois on m'aura choqué tant soit peu je ne pardonnerai jamais, et garderai tout doucement une haine irréconciliable. Je serai le vengeur des intérêts du ciel; et, sous ce prétexte commode, je pousserai mes ennemis, je les accuserai d'impiété et saurai déchaîner contre eux des zélés indiscrets, qui, sans connaissance de cause, crieront en public contre eux, qui les accableront d'injures et les damneront hautement, de leur autorité privée. C'est ainsi qu'il faut profiter des faiblesses des hommes et qu'un sage esprit s'accommode aux vices de son siècle.

SGANARELLE.

O ciel, qu'entends-je ici! Il ne vous manquait plus que d'être hypocrite pour vous achever de tout point, et voilà le comble des abominations. Monsieur, cette dernière-ci m'emporte, et je ne puis m'empêcher de parler. Faites-moi tout ce qu'il vous plaira, battez-moi, assommez-moi de coups, tuez-moi si vous voulez, il faut que je décharge mon cœur, et qu'en valet fidèle. je vous dise ce que je dois. Sachez, Monsieur, que tant va la cruche à l'eau qu'enfin elle se brise; et, comme dit fort bien cet auteur que je ne connais pas, l'homme est, en ce monde, ainsi que l'oiseau sur la branche, la branche est attachée à l'arbre, qui s'attache à l'arbre suit de bons préceptes, les bons préceptes valent mieux que les belles paroles, les belles paroles se trouvent à la cour, à la cour se trouvent les courtisans, les courtisans suivent la mode, la mode vient de la fantaisie, la fantaisie est une faculté de l'âme, l'âme est ce qui nous donne la vie, la vie finit par la mort, la mort nous fait penser au ciel, le ciel est au-dessus de la terre, la terre n'est point la mer, la mer est sujette aux orages, les orages tourmentent les vaisseaux, les vaisseaux ont besoin d'un bon pilote, un bon pilote a de la prudence, la prudence n'est pas dans les jeunes gens, les jeunes gens doivent obéissance aux vieux, les vieux aiment les richesses, les richesses font les riches, les riches ne sont pas pauvres, les pauvres ont de la nécessité, la nécessité n'a pas de loi, qui n'a pas de loi vit en bête brute, et, par conséquent, vous serez damné à tous les diables.

DON JUAN.

Oh ! le beau raisonnement !

SGANARELLE.

Après cela, si vous ne vous rendez, tant pis pour vous.

SCÈNE III

DON CARLOS, DON JUAN, SGANARELLE

DON CARLOS.

Don Juan, je vous trouve à propos et suis bien aise de vous parler ici plutôt que chez vous pour vous demander vos résolutions. Vous savez que ce soin me regarde et que je me suis, en votre présence, chargé de cette affaire. Pour moi, je ne le cèle point, je souhaite fort que les choses aillent dans la douceur, et il n'y a rien que je ne fasse pour porter votre esprit à vouloir prendre cette voie, et pour vous voir publiquement confirmer à ma sœur le nom de votre femme.

DON JUAN, *d'un ton hypocrite.*

Hélas! je voudrais bien de tout mon cœur vous donner la satisfaction que vous souhaitez; mais le ciel s'y oppose directement; il a inspiré à mon âme le dessein de changer de vie, et je n'ai point d'autre pensée maintenant que de quitter entièrement tous les attachements du monde, de me dépouiller au plus tôt de toutes sortes de vanités, et de corriger désormais, par une austère conduite, tous les dérèglements criminels où m'a porté le feu d'une aveugle jeunesse.

DON CARLOS.

Ce dessein, don Juan, ne choque point ce que je dis, et la compagnie d'une femme légitime peut bien s'accommoder avec les louables pensées que le ciel vous inspire.

DON JUAN.

Hélas, point du tout! C'est un dessein que votre sœur elle-même a pris; elle a résolu sa retraite, et nous avons été touchés tous deux en même temps.

DON CARLOS.

Sa retraite ne peut nous satisfaire, pouvant être imputée au mépris que vous feriez d'elle et de notre famille; et notre honneur demande qu'elle vive avec vous.

DON JUAN.

Je vous assure que cela ne se peut. J'en

avais, pour moi, toutes les envies du monde, et je me suis, même encore aujourd'hui, conseillé au ciel pour cela; mais, lorsque je l'ai consulté, j'ai entendu une voix qui m'a dit que je ne devais point songer à votre sœur, et qu'avec elle assurément je ne ferais point mon salut.

DON CARLOS.

Croyez-vous, Don Juan, nous éblouir par ces belles excuses?

DON JUAN.

J'obéis à la voix du ciel.

DON CARLOS.

Quoi! vous voulez que je me paye d'un semblable discours?

DON JUAN.

C'est le ciel qui le veut ainsi.

DON CARLOS.

Vous aurez fait sortir ma sœur d'un couvent pour la laisser ensuite?

DON JUAN.

Le ciel l'ordonne de la sorte.

DON CARLOS.

Nous souffrirons cette tache en notre famille?

DON JUAN.

Prenez-vous-en au ciel.

DON CARLOS.

Eh quoi! toujours le ciel!

DON JUAN.

Le ciel le souhaite comme cela.

DON CARLOS.

Il suffit, Don Juan, je vous entends. Ce n'est pas ici que je veux vous prendre, et le lieu ne le souffre pas; mais, avant qu'il soit peu, je saurai vous trouver.

DON JUAN.

Vous ferez ce que vous voudrez. Vous savez que je ne manque point de cœur, et que je sais me servir de mon épée quand il le faut. Je m'en vais passer tout à l'heure dans cette petite rue écartée qui mène au grand couvent; mais je vous déclare, pour moi, que ce n'est point moi qui me veux battre, le ciel m'en défend la pensée, et, si vous m'attaquez, nous verrons ce qui en arrivera.

DON CARLOS.

Nous verrons, de vrai, nous verrons.

SCÈNE IV.

DON JUAN, SGANARELLE.

SGANARELLE.

Monsieur, quel diable de style prenez-vous là? Ceci est bien pis que le reste, et je vous aimerais mieux encore comme vous étiez auparavant. J'espérais toujours de votre salut, mais c'est maintenant que j'en désespère, et je crois que le ciel, qui vous a souffert jusqu'ici, ne pourra souffrir du tout cette dernière horreur.

DON JUAN.

Va, va, le ciel n'est pas si exact que tu penses, et, si toutes les fois que les hommes...

SCÈNE V.

DON JUAN, SGANARELLE, UN SPECTRE *en femme voilée.*

SGANARELLE *apercevant le spectre.*

Ah, Monsieur ! c'est le ciel qui vous parle, et c'est un avis qu'il vous donne.

DON JUAN.

Si le ciel me donne un avis, il faut qu'il parle un peu plus clairement s'il veut que je l'entende.

LE SPECTRE.

Don Juan n'a plus qu'un moment à pouvoir profiter de la miséricorde du ciel ; et, s'il ne se repent ici, sa perte est résolue.

SGANARELLE.

Entendez-vous, Monsieur ?

DON JUAN.

Qui ose tenir ces paroles ? Je crois connaître cette voix.

SGANARELLE.

Ah, Monsieur ! c'est un spectre, je le reconnais au marcher.

DON JUAN.

Spectre, fantôme ou diable, je veux voir ce que c'est.

(Le spectre change de figure, et représente le Temps avec sa faulx à la main.)

SGANARELLE.

O ciel! Voyez-vous, Monsieur, ce changement de figure?

DON JUAN.

Non, non, rien n'est capable de m'inspirer de la terreur; et je veux éprouver avec mon épée si c'est un corps ou un esprit.

(Le spectre s'envole dans le temps que Don Juan veut le frapper.)

SGANARELLE.

Ah, Monsieur! rendez-vous à tant de preuves, et jetez-vous vite dans le repentir.

DON JUAN.

Non, non, il ne sera pas dit, quoi qu'il arrive, que je sois capable de me repentir. Allons, suis-moi.

SCÈNE VI.

LA STATUE DU COMMANDEUR, DON JUAN, SGANARELLE.

LA STATUE.

Arrêtez, Don Juan; vous m'avez hier donné parole de venir manger avec moi.

DON JUAN.

Oui. Où faut-il aller?

LA STATUE.

Donnez-moi la main.

DON JUAN.

La voilà.

LA STATUE.

Don Juan, l'endurcissement au péché traîne une mort funeste, et les grâces du ciel que l'on renvoie ouvrent un chemin à la foudre.

DON JUAN.

O ciel! que sens-je? Un feu invisible me brûle, je n'en puis plus, et tout mon corps devient un brasier ardent. Ah!

(Le tonnerre tombe, avec un grand bruit et de grands éclairs, sur Don Juan. La terre s'ouvre et l'abîme, et il sort de grands feux de l'endroit où il est tombé.)

SCÈNE DERNIÈRE (1)

SCANARELLE, *seul.*

Voilà, par sa mort, un chacun satisfait. Ciel offensé, lois violées, filles séduites, familles déshonorées, parents outragés, femmes mises à mal, maris poussés à bout, tout le monde est content. Il n'y a que moi seul de malheu-

(1) Variante : « Ah! mes gages! mes gages! Voilà par sa mort, un chacun satisfait. Ciel offensé, lois violées, filles séduites, familles déshonorées, parents outragés, femmes mises a mal, maris poussés à bout, tout le monde est content. Il n'y a que moi seul de malheureux. Mes gages! mes gages! mes gages!

reux, qui, après tant d'années de service, n'ai point d'autre récompense que de voir à mes yeux l'impiété de mon maître punie par le plus épouvantable châtiment du monde.

FIN DU CINQUIÈME ET DERNIER ACTE.

LES

PRÉCIEUSES RIDICULES

COMÉDIE EN UN ACTE

Représentée pour la première fois sur le théâtre du Petit-Bourbon, le 18 novembre 1659.

PRÉFACE

C'est une chose étrange, qu'on imprime les gens malgré eux ! Je ne vois rien de si injuste, et je pardonnerais toute autre violence plutôt que celle-là.

Ce n'est pas que je veuille faire ici l'auteur modeste, et mépriser par honneur ma comédie : j'offenserais mal à propos tout Paris, si je l'accusais d'avoir pu applaudir à une sottise. Comme le public est le juge absolu de ces sortes d'ouvrages, il y aurait de l'impertinence à moi de le démentir ; et quand j'aurais eu la plus mauvaise opinion du monde de mes *Précieuses ridicules* avant leur représentation, je dois croire maintenant qu'elles valent quelque chose, puisque tant de gens ensemble en ont dit du bien. Mais comme une grande partie des grâces qu'on y a trouvées dépendent de l'action et du ton de voix, il m'importait qu'on ne les dépouillât pas de ces ornements ; et je trouvais que le succès qu'elles avaient eu dans la représentation était assez beau pour en demeurer là. J'avais résolu, dis-je, de ne les faire voir qu'à la chandelle, pour ne point donner lieu à quelqu'un de dire le proverbe ; et je ne voulais pas qu'elles sautassent du théâtre de Bourbon dans la galerie du Palais. Cependant je n'ai pu l'éviter, et suis tombé dans la disgrâce de voir une copie dérobée de ma pièce entre les mains des libraires, accompagnée d'un privilége obtenu par surprise. J'ai eu beau crier : O temps! ô mœurs! on m'a fait voir une nécessité pour moi d'être imprimé, ou d'avoir un procès; et le dernier mal est encore pire que le premier. Il faut donc se laisser aller à la destinée, et consentir à une chose qu'on ne laisserait pas de faire sans moi.

Mon Dieu! l'étrange embarras qu'un livre à mettre au jour! et qu'un auteur est neuf la première fois qu'on l'imprime! Encore si l'on m'avait donné du temps, j'aurais pu mieux songer à moi, et j'aurais pris toutes les précautions que MM. les auteurs, à présent mes confrères, ont coutume de prendre en semblables occasions. Outre quelque grand seigneur que j'aurais été prendre malgré lui pour protecteur de mon ouvrage, et dont j'aurais tenté la libéralité par une épître dédicatoire bien fleurie, j'aurais tâché de faire une belle et docte préface; et je ne manque point de livres qui m'auraient fourni tout ce qu'on peut dire de savant sur la tragédie et la comédie, l'étymologie de toutes deux, leur origine, leur définition, et le reste. J'aurais parlé aussi à mes amis, qui, pour la recommandation de ma pièce, ne m'auraient pas refusé, ou des vers français, ou des vers latins. J'en ai même qui m'auraient loué en grec; et l'on n'ignore pas qu'une louange en grec est d'une merveilleuse efficace à la tête d'un livre. Mais on me met au jour sans me donner le loisir de me reconnaître; et je ne puis même obtenir la liberté de dire deux mots pour justifier mes intentions sur le sujet de cette comédie J'aurais voulu faire voir qu'elle se tient partout dans les bornes de la satire honnête et permise; que les plus excellentes choses sont sujettes à être copiées par de mauvais singes qui méritent d'être bernés; que ces vicieuses imitations de ce qu'il y a de plus parfait ont été de tout temps la matière de la comédie; et que, par la même raison que les véritables savants et les vrais braves ne se sont point encore avisés de s'offenser du Docteur de la comédie, et du Capitan, non plus que les juges, les princes et les rois, de voir Trivelin, ou quelque autre, sur le théâtre, faire ridiculement le juge, le prince, ou le roi : aussi les véritables précieuses auraient tort de se piquer lorsqu'on joue les ridicules qui les imitent mal. Mais enfin, comme j'ai dit, on ne me laisse pas le temps de respirer, et M. de Luynes veut m'aller faire relier de ce pas. A la bonne heure, puisque Dieu l'a voulu.

PERSONNAGES

LA GRANGE,
DU CROISY, } amants rebutés.

GORGIBUS, bon bourgeois.

MADELON, fille de Gorgibus, précieuse ridicule.

CATHOS, nièce de Gorgibus, précieuse ridicule.

MAROTTE, servante des précieuses ridicules.

ALMANZOR, laquais des précieuses ridicules.

Le marquis de MASCARILLE, valet de La Grange.

Le vicomte de JODELET, valet de Du Croisy.

LUCILE, voisine de Gorgibus.

CÉLIMÈNE, voisine de Gorgibus.

DEUX PORTEURS DE CHAISES.

VIOLONS.

La scène est à Paris, dans la maison de Gorgibus

LES

PRÉCIEUSES RIDICULES

SCÈNE PREMIÈRE.

LA GRANGE, DU CROISY.

DU CROISY.

Seigneur La Grange...

LA GRANGE.

Quoi ?

DU CROISY.

Regardez-moi un peu sans rire.

LA GRANGE.

Hé bien ?

DU CROISY.

Que dites-vous de notre visite ? En êtes-vous fort satisfait ?

LA GRANGE.

A votre avis, avons-nous sujet de l'être tous deux ?

DU CROISY.

Pas tout à fait, à dire vrai.

LA GRANGE.

Pour moi, je vous avoue que j'en suis tout scandalisé. A-t-on jamais vu, dites-moi, deux pecques provinciales faire plus les renchéries que celles-là, et deux hommes traités avec plus de mépris que nous ? A peine ont-elles pu se résoudre à nous faire donner des siéges. Je n'ai jamais vu tant parler à l'oreille qu'elles ont fait entre elles, tant bâiller, tant se frotter les yeux, et demander tant de fois : Quelle heure est-il ? Ont-elles répondu que oui et non à tout ce que nous avons pu leur dire ? Et ne m'avouerez-vous pas enfin que, quand nous aurions été les dernières personnes du monde, on ne pouvait nous faire pis qu'elles ont fait ?

DU CROISY.

Il me semble que vous prenez la chose fort à cœur.

LA GRANGE.

Sans doute, je l'y prends, et de telle façon que je me veux venger de cette impertinence. Je connais ce qui nous a fait mépriser. L'air précieux n'a pas seulement infecté Paris ; il s'est aussi répandu dans les provinces, et nos donzelles ridicules en ont humé leur bonne part. En un mot, c'est un ambigu de précieuse et de coquette que leur personne. Je vois ce qu'il faut être pour en être bien reçu ; et si vous m'en croyez, nous leur jouerons tous deux une pièce qui leur fera voir leur sottise, et pourra leur apprendre à connaître un peu mieux leur monde.

DU CROISY.

Et comment encore?

LA GRANGE.

J'ai un certain valet, nommé Mascarille, qui passe, au sentiment de beaucoup de gens, pour une manière de bel esprit; car il n'y a rien à meilleur marché que le bel esprit maintenant. C'est un extravagant qui s'est mis dans la tête de vouloir faire l'homme de condition. Il se pique ordinairement de galanterie et de vers, et dédaigne les autres valets, jusqu'à les appeler brutaux.

DU CROISY.

Hé bien! qu'en prétendez-vous faire?

LA GRANGE.

Ce que j'en prétends faire? Il faut... Mais sortons d'ici auparavant.

SCÈNE II.

GORGIBUS, DU CROISY, LA GRANGE.

GORGIBUS.

Hé bien! vous avez vu ma nièce et ma fille? Les affaires iront-elles bien? Quel est le résultat de cette visite?

LA GRANGE.

C'est une chose que vous pourrez mieux apprendre d'elles que de nous. Tout ce que nous pouvons vous dire, c'est que nous vous rendons grâce de la faveur que vous nous avez faite, et demeurons vos très humbles serviteurs.

DU CROISY.

Vos très humbles serviteurs.

GORGIBUS, *seul.*

Ouais! il semble qu'ils sortent mal satisfaits d'ici. D'où pourrait venir leur mécontentement? Il faut savoir un peu ce que c'est. Holà.

SCÈNE III.

GORGIBUS, MAROTTE.

MAROTTE.

Que désirez-vous, monsieur?

GORGIBUS.

Où sont vos maîtresses?

MAROTTE.

Dans leur cabinet.

GORGIBUS.

Que font-elles?

MAROTTE.

De la pommade pour les lèvres.

GORGIBUS.

C'est trop pommadé : dites-leur qu'elles descendent.

SCÈNE IV.

GORGIBUS.

Ces pendardes-là, avec leur pommade, ont, je pense, envie de me ruiner. Je ne vois partout que blancs d'œufs, lait virginal, et mille autres brimborions que je ne connais point. Elles ont usé, depuis que nous sommes ici, le lard d'une douzaine de cochons pour le moins ; et quatre valets vivraient tous les jours des pieds de moutons qu'elles emploient.

SCÈNE V

MADELON, CATHOS, GORGIBUS.

GORGIBUS.

Il est bien nécessaire, vraiment, de faire tant de dépense pour vous graisser le museau ! Dites-moi un peu ce que vous avez fait à ces messieurs, que je les vois sortir avec tant de froideur. Vous avais-je pas commandé de les recevoir comme des personnes que je voulais vous donner pour maris ?

MADELON.

Et quelle estime, mon père, voulez-vous que nous fassions du procédé irrégulier de ces gens-là ?

CATHOS.

Le moyen, mon oncle, qu'une fille un peu raisonnable se pût accommoder de leur personne ?

GORGIBUS.

Et qu'y trouvez-vous à redire?

MADELON.

La belle galanterie que la leur! Quoi! débuter d'abord par le mariage!

GORGIBUS.

Et par où veux-tu donc qu'ils débutent? par le concubinage? N'est-ce pas un procédé dont vous avez sujet de vous louer toutes deux, aussi bien que moi? Est-il rien de plus obligeant que cela! Et ce lien sacré où ils aspirent n'est-il pas un témoignage de l'honnêteté de leurs intentions?

MADELON.

Ah! mon père, ce que vous dites-là est du dernier bourgeois. Cela me fait honte de vous ouïr parler de la sorte; et vous devriez un peu vous faire apprendre le bel air des choses.

GORGIBUS.

Je n'ai que faire ni d'air ni de chanson. Je te dis que le mariage est une chose sainte et sacrée, et que c'est faire en honnêtes gens que de débuter par là.

MADELON.

Mon dieu! que si tout le monde vous ressembait, un roman serait bientôt fini! La belle chose que ce serait si d'abord Cyrus épousait Mandane, et qu'Aronce de plain-pied fût marié à Clélie!

GORGIBUS.

Que me vient conter celle-ci!

MADELON.

Mon père, voilà ma cousine qui vous dira, aussi bien que moi, que le mariage ne doit jamais arriver qu'après les autres aventures. Il faut qu'un amant, pour être agréable, sache débiter les beaux sentiments, pousser le doux, le tendre et le passionné, et que sa recherche soit dans les formes. Premièrement il doit voir au temple, ou à la promenade, ou dans quelque cérémonie publique, la personne dont il devint amoureux; ou bien être conduit fatalement chez elle par un parent ou un ami, et sortir de là tout rêveur et mélancolique. Il cache un temps sa passion à l'objet aimé, et cependant lui rend plusieurs visites, où l'on ne manque jamais de mettre sur le tapis une question galante qui exerce les esprits de l'assemblée. Le jour de la déclaration arrive, qui se doit faire ordinairement dans une allée de quelque jardin, tandis que la compagnie s'est un peu éloignée; et cette déclaration est suivie d'un prompt courroux qui paraît à notre rougeur, et qui, pour un temps, bannit l'amant de notre présence. Ensuite il trouve moyen de nous apaiser, de nous accoutumer insensiblement au discours de sa passion, et de tirer de nous cet aveu qui fait tant de peine. Après cela viennent les aventures, les rivaux qui se jettent à la traverse d'une inclination établie, les persécutions des pères, les jalousies conçues sur de fausses apprences, les plaintes, les désespoirs, les enlèvements, et ce qui s'ensuit. Voilà comme les choses se traitent dans les belles manières; et ce sont des règles dont, en bonne galanterie, on ne saurait se dispenser. Mais en venir de but en blanc à l'union conjugale, ne faire l'amour qu'en faisant le contrat du mariage, et prendre justement le roman par la queue; encore un coup, mon père, il ne se peut rien de plus marchand que ce procédé; et j'ai mal au cœur de la seule vision que cela me fait.

GORGIBUS.

Quel diable de jargon entends-je ici? Voici bien du haut style.

CATHOS.

En effet, mon oncle, ma cousine donne dans le vrai de la chose. Le moyen de bien recevoir des gens qui sont tout à fait incongrus en galanterie! Je m'en vais gager qu'ils n'ont jamais vu la carte de Tendre, et que Billets-doux, Petits-soins, Billets-galants et Jolis-vers, sont des terres inconnues pour eux. Ne voyez-vous pas que toute leur personne marque cela, et qu'ils n'ont point cet air qui donne d'abord bonne opinion des gens? Venir en visite amoureuse avec une jambe toute unie, un chapeau désarmé de plumes, une tête irrégulière en cheveux, et un habit qui souffre une indigence de rubans; mon Dieu! quels amants sont-ce là! Quelle frugalité d'ajustement, et quelle sécheresse de conversation! On n'y dure point, on n'y tient pas. J'ai remarqué encore que leurs rabats ne sont point de la bonne faiseuse, et qu'il s'en faut plus d'un grand demi-pied que leurs hauts-de-chausse ne soient assez larges.

GORGIBUS.

Je pense qu'elles sont folles toutes deux, et je ne puis rien comprendre à ce baragouin. Cathos, et vous, Madelon...

MADELON.

Hé! de grâce, mon père, défaites-vous de ces noms étranges, et nous appelez autrement.

GORGIBUS.

Comment, ces noms étranges! Ne sont-ce pas vos noms de baptême?

MADELON.

Mon dieu! que vous êtes vulgaire! Pour moi, un de mes étonnements, c'est que vous ayez pu faire une fille si spirituelle que moi. A-t-on jamais parlé, dans le beau style, de Cathos ni de Madelon? et ne m'avouerez-vous pas que ce serait assez d'un de ces noms pour décrier le plus beau roman du monde?

CATHOS.

Il est vrai, mon oncle, qu'une oreille un peu délicate pâtit furieusement à entendre prononcer ces mots-là; et le nom de Polixène, que ma cousine a choisi, et celui d'Aminte, que je me suis donné, ont une grâce dont il faut que vous demeuriez d'accord.

GORGIBUS.

Ecoutez; il n'y a qu'un mot qui serve. Je n'entends point que vous ayez d'autres noms que ceux qui vous ont été donnés par vos parrains et vos marraines. Et pour ces messieurs dont il est question, je connais leurs familles et leurs biens, et je veux résolument que vous vous disposiez à les recevoir pour maris. Je me lasse de vous avoir sur les bras; et la garde de deux filles est une charge un peu trop pesante pour un homme de mon âge.

CATHOS.

Pour moi, mon oncle, tout ce que je puis vous dire, c'est que je trouve le mariage une chose tout à fait choquante. Comment est-ce qu'on peut souffrir la pensée de coucher contre un homme vraiment nu?

MADELON.

Souffrez que nous prenions un peu haleine parmi le beau monde de Paris, où nous ne faisons que d'arriver. Laissez-nous faire à loisir le tissu de notre roman, et n'en pressez point tant la conclusion.

GORGIBUS, *à part.*

Il n'en faut point douter, elles sont achevées (*Haut*). Encore un coup, je n'entends rien à toutes ces balivernes, je veux être maître absolu; et pour trancher toutes sortes de discours, ou vous serez mariées toutes deux avant qu'il soit peu, ou, ma foi, vous serez religieuses; j'en fais un bon serment.

SCÈNE VI.

CATHOS, MADELON.

CATHOS.

" Mon dieu! ma chère, que ton père a la forme enfoncée dans la matière! Que son intelligence est épaisse! et qu'il fait sombre dans son âme!

MADELON.

Que veux-tu, ma chère? J'en suis en confusion pour lui : j'ai peine à me persuader que je puisse être véritablement sa fille, et je crois que quelque aventure un jour me viendra développer une naissance plus illustre.

CATHOS.

Je le croirais, bien; oui, il y a toutes les apparences du monde. Et pour moi, quand je me regarde aussi...

SCÈNE VII.

CATHOS, MADELON, MAROTTE.

MAROTTE.

Voilà un laquais qui demande si vous êtes au logis, et dit que son maître vous veut venir voir.

MADELON.

Apprenez, sotte, à vous énoncer moins vulgairement. Dites : Voilà un nécessaire qui demande si vous êtes en commodité d'être visibles.

MAROTTE.

Dame! je n'entends point le latin; et je n'ai pas appris, comme vous, la filofie dans le GRAND CYRE.

MADELON.

L'impertinente! Le moyen de souffrir cela! Et qui est-il, le maître de ce laquais?

MAROTTE.

Il me l'a nommé le marquis de Mascarille.

MADELON.

Ah! ma chère, un marquis! Oui, allez dire qu'on peut nous voir. C'est sans doute un bel esprit qui a ouï parler de nous.

CATHOS.

Assurément, ma chère.

MADELON.

Il faut le recevoir dans cette salle basse plutôt qu'en notre chambre. Ajustons un peu nos cheveux au moins, et soutenons notre réputation. Vite, venez nous tendre ici dedans le conseiller des grâces.

MAROTTE.

Par ma foi, je ne sais quelle bête c'est là: il faut parler chrétien si vous voulez que je vous entende.

CATHOS.

Apportez-nous le miroir, ignorante que vous

êtes, et gardez-vous bien d'en salir la glace par la communication de votre image.

(*Elles sortent.*)

SCÈNE VIII.

MASCARILLE, DEUX PORTEURS.

MASCARILLE.

Holà, porteurs, holà. Là, là, là, là, là, là. Je pense que ces marauds-là ont dessein de me briser, à force de heurter contre les murailles et les pavés.

PREMIER PORTEUR.

Dame! c'est que la porte est étroite. Vous avez voulu aussi que nous soyons entrés jusqu'ici.

MASCARILLE.

Je le crois bien. Voudriez-vous, faquins, que j'exposasse l'embonpoint de mes plumes aux inclémences de la saison pluvieuse, et que j'allasse imprimer mes souliers en boue? Allez, ôtez votre chaise d'ici.

SECOND PORTEUR.

Payez-nous donc, s'il vous plaît, Monsieur.

MASCARILLE.

Hé!

SECOND PORTEUR.

Je dis, Monsieur, que vous nous donniez de l'argent, s'il vous plaît.

MASCARILLE, *lui donnant un soufflet.*

Comment, coquin! demander de l'argent à une personne de ma qualité!

SECOND PORTEUR.

Est-ce ainsi qu'on paye les pauvres gens? et votre qualité nous donne-t-elle à dîner?

MASCARILLE.

Ah! ah! je vous apprendrai à vous connaître. Ces canailles-là s'osent jouer à moi!

PREMIER PORTEUR, *prenant un des bâtons de sa chaise.*

Ça, payez-nous vivement.

MASCARILLE.

Quoi?

PREMIER PORTEUR.

Je dis que je veux avoir de l'argent tout à l'heure.

MASCARILLE.

Il est raisonnable.

PREMIER PORTEUR.

Vite donc.

MASCARILLE.

Oui-da, tu parles comme il faut, toi; mais l'autre est un coquin qui ne sait pas ce qu'il dit. Tiens, es-tu content?

PREMIER PORTEUR.

Non, je ne suis pas content; vous avez donné un soufflet à mon camarade, et... (*Levant son bâton.*)

MASCARILLE.

Doucement; tiens, voilà pour le soufflet. On obtient tout de moi quand on s'y prend de la bonne façon. Allez, venez me reprendre tantôt pour aller au Louvre, au petit coucher.

SCÈNE IX.

MAROTTE, MASCARILLE.

MAROTTE.

Monsieur, voilà mes maîtresses qui vont venir tout à l'heure.

MASCARILLE.

Qu'elles ne se pressent point : je suis ici posté commodément pour attendre.

MAROTTE.

Les voici.

SCÈNE X.

MADELON, CATHOS, MASCARILLE, ALMANZOR.

MASCARILLE, *après avoir salué.*

Mesdames, vous serez surprises sans doute de l'audace de ma visite : mais votre réputation vous attire cette méchante affaire; et le mérite a pour moi des charmes si puissants, que je cours partout après lui.

MADELON.

Si vous poursuivez le mérite, ce n'est pas sur nos terres que vous devez chasser.

CATHOS.

Pour voir chez nous le mérite, il a fallu que vous l'y ayez amené.

MASCARILLE.

Ah! je m'inscris en faux contre vos paroles. La renommée accuse juste en contant ce que vous valez; et vous allez faire pic, repic et capot tout ce qu'il y a de galant dans Paris.

MADELON.

Votre complaisance pousse un peu trop avant la libéralité de ses louanges; et nous n'avons garde, ma cousine et moi, de donner de notre sérieux dans le doux de votre flatterie.

CATHOS.

Ma chère, il faudrait faire donner des siéges.

MADELON.

Holà! Almanzor.

ALMANZOR.

Madame?

MADELON.

Vite, voiturez-nous ici les commodités de la conversation.

MASCARILLE.

Mais, au moins, y a-t-il sûreté ici pour moi? *(Almanzor sort).*

CATHOS.

Que craignez-vous?

MASCARILLE.

Quelque vol de mon cœur, quelque assassinat de ma franchise. Je vois ici des yeux qui ont la mine d'être de fort mauvais garçons, de faire insulte aux libertés, et de traiter une âme de Turc à Maure. Comment diable! d'abord qu'on les approche, ils se mettent sur leurs gardes meurtrières! Ah! par ma foi, je m'en défie; et je m'en vais gagner au pied, ou je veux caution bourgeoise qu'ils ne me feront point de mal.

MADELON.

Ma chère, c'est le caractère enjoué.

CATHOS.

Je vois bien que c'est un Amilcar.

MADELON.

Ne craignez rien, nos yeux n'ont point de mauvais desseins, et votre cœur peut dormir en assurance sur leur prudhomie.

CATHOS.

Mais, de grâce, Monsieur, ne soyez point inexorable à ce fauteuil qui vous tend les bras il y a un quart d'heure; contentez un peu l'envie qu'il a de vous embrasser.

MASCARILLE, *après s'être peigné et avoir ajusté ses canons.*

Hé bien! mesdames, que dites-vous de Paris?

MADELON.

Hélas! qu'en pourrions-nous dire? Il faudrait être l'antipode de la raison pour ne pas confesser que Paris est le grand bureau des merveilles, le centre du bon goût, du bel esprit et de la galanterie.

MASCARILLE.

Pour moi, je tiens que, hors de Paris, il n'y a point de salut pour les honnêtes gens.

CATHOS.

C'est une vérité incontestable.

MASCARILLE.

Il y fait un peu crotté; mais nous avons la chaise.

MADELON.

Il est vrai que la chaise est un retranchement merveilleux contre les insultes de la boue et du mauvais temps.

MASCARILLE.

Vous recevez beaucoup de visites? Quel bel esprit est des vôtres?

MADELON.

Hélas! nous ne sommes pas encore connues, mais nous sommes en passe de l'être, et nous avons une amie particulière qui nous a promis d'amener ici tous ces messieurs du *Recueil des pièces choisies*.

CATHOS.

Et certains autres qu'on nous a nommés aussi pour être les arbitres souverains des belles choses.

MASCARILLE.

C'est moi qui ferai votre affaire mieux que personne : ils me rendent tous visite; et je puis dire que je ne me lève jamais sans une demi-douzaine de beaux esprits.

MADELON.

Hé! mon dieu! nous vous serons obligées de la dernière obligation, si vous nous faites cette amitié; car enfin il faut avoir la connaissance de tous ces messieurs-là, si l'on veut être du beau monde. Ce sont eux qui donnent le branle à la réputation dans Paris; et vous savez qu'il y en a tel dont il ne faut que la seule fréquentation pour vous donner bruit de connaissance, quand il n'y aurait rien autre chose que cela. Mais pour moi, ce que je considère particulièrement, c'est que, par le moyen de ces visites spirituelles, on est instruit de cent choses qu'il faut savoir de nécessité, et qui sont de l'essence du bel esprit. On apprend par là chaque jour les petites nouvelles galantes, les jolis commerces de prose ou de vers. On sait à point nommé : un tel a composé la plus jolie pièce du monde sur un tel sujet; une telle a fait des paroles sur un tel air; celui-ci a fait un madrigal sur une jouissance; celui-là a composé des stances sur une infidélité; monsieur un tel écrivit hier au soir un sixain à mademoiselle une telle, dont elle lui a envoyé la réponse ce matin sur les huit heures; un tel auteur a fait un tel dessein; celui-là en est à la troisième partie de son roman; cet autre met ses ouvrages sous la presse. C'est là ce qui vous fait valoir dans les compagnies; et si l'on ignore ces choses, je ne donnerais pas un clou de tout l'esprit qu'on peut avoir.

CATHOS.

En effet, je trouve que c'est renchérir sur le

ridicule, qu'une personne se pique d'esprit et ne sache pas jusqu'au moindre petit quatrain qui se fait chaque jour; et pour moi j'aurais toutes les hontes du monde s'il fallait qu'on vînt à me demander si j'aurais vu quelque chose de nouveau que je n'aurais pas vu.

MASCARILLE.

Il est vrai qu'il est honteux de n'avoir pas des premiers tout ce qui se fait. Mais ne vous mettez pas en peine; je veux établir chez vous une académie de beaux esprits; et je vous promets qu'il ne se fera pas un bout de vers dans Paris que vous ne sachiez par cœur avant tous les autres. Pour moi, tel que vous me voyez, je m'en escrime un peu quand je veux; et vous verrez courir de ma façon, dans les belles ruelles de Paris, deux cents chansons, autant de sonnets, quatre cents épigrammes, et plus de mille madrigaux, sans compter les énigmes et les portraits.

MADELON.

Je vous avoue que je suis furieusement pour les portraits; je ne vois rien de si galant que cela.

MASCARILLE.

Les portraits sont difficiles, et demandent un esprit profond : vous en verrez de ma manière qui ne vous déplairont pas.

CATHOS.

Pour moi, j'aime terriblement les énigmes.

MASCARILLE.

Cela exerce l'esprit et j'en ai fait quatre encore ce matin, que je vous donnerai à deviner.

MADELON.

Les madrigaux sont agréables quand ils sont bien tournés.

MASCARILLE.

C'est mon talent particulier, et je travaille à mettre en madrigaux toute l'histoire romaine.

MADELON.

Ah! certes, cela sera du dernier beau! j'en retiens un exemplaire au moins, si vous le faites imprimer.

MASCARILLE.

Je vous en promets à chacune un, et des mieux reliés. Cela est au-dessous de ma condition; mais je le fais seulement pour donner à gagner aux libraires qui me persécutent.

MADELON.

Je m'imagine que le plaisir est grand de se voir imprimer.

MASCARILLE.

Sans doute. Mais à propos, il faut que je vous dise un impromptu que je fis hier chez une duchesse de mes amies que je fus visiter; car je suis diablement fort sur les impromptu.

CATHOS.

L'impromptu est justement la pierre de touche de l'esprit.

MASCARILLE.

Écoutez donc.

MADELON.

Nous y sommes de toutes nos oreilles.

MASCARILLE.

Oh! oh! je n'y prenais pas garde :
Tandis que, sans songer à mal, je vous regarde,
Votre œil en tapinois me dérobe mon cœur,
Au voleur! au voleur! au voleur! au voleur!

CATHOS.

Ah! mon Dieu! voilà qui est poussé dans le dernier galant.

MASCARILLE.

Tout ce que je fais a l'air cavalier; cela ne sent point le pédant.

MADELON.

Il en est éloigné de plus de deux mille lieues.

MASCARILLE.

Avez-vous remarqué ce commencement *oh! oh!* Voilà qui est extraordinaire, *oh! oh!* comme un homme qui s'avise tout d'un coup, *oh! oh!* La surprise, *oh! oh!*

MADELON.

Oui, je trouve ce *oh! oh!* admirable.

MASCARILLE.

Il semble que cela ne soit rien.

CATHOS.

Ah! mon dieu! que dites-vous? Ce sont là

de ces sortes de choses qui ne se peuvent payer.

MADELON.

Sans doute; et j'aimerais mieux avoir fait ca *oh! oh!* qu'un poëme épique.

MASCARILLE.

Tudieu! vous avez le goût bon.

MADELON.

Hé! je ne l'ai pas tout à fait mauvais.

MASCARILLE.

Mais n'admirez-vous pas aussi, *je n'y prenais pas garde? je n'y prenais pas garde*, je ne m'apercevais pas de cela : façon de parler naturelle, je *n'y prenais pas garde. Tandis que, sans songer à mal*, tandis qu'innocemment, sans malice, comme un pauvre mouton, *je vous regarde*, c'est-à-dire, je m'amuse à vous considérer, je vous observe, je vous contemple, *votre œil en tapinois*... Que vous semble de ce mot, *tapinois?* n'est-il pas bien choisi?

CATHOS.

Tout à fait bien.

MASCARILLE.

Tapinois, en cachette; il semble que ce soit un chat qui vienne de prendre une souris *tapinois*.

MADELON.

Il ne se peut rien de mieux.

MASCARILLE.

Me dérobe mon cœur, me l'emporte, me le ravit.

Au voleur! au voleur! au voleur! au voleur!

Ne diriez-vous pas que c'est un homme qui crie et court après un voleur pour le faire arrêter?

Au voleur! au voleur! au voleur! au voleur!

MADELON.

Il faut avouer que cela a un tour spirituel et galant.

MASCARILLE.

Je veux vous dire l'air que j'ai fait dessus.

CATHOS.

Vous avez appris la musique?

MASCARILLE.

Moi? point du tout.

CATHOS.

Et comment donc cela se peut-il?

MASCARILLE.

Les gens de qualité savent tout sans avoir jamais rien appris.

MADELON.

Assurément, ma chère.

MASCARILLE.

Ecoutez si vous trouverez l'air à votre goût. *Hem, hem, la, la, la, la, la.* La brutalité de la saison a furieusement outragé la délicatesse de ma voix : mais il n'importe, c'est à la cavalière.

(Il chante.)

Oh! Oh! je n'y prenais pas garde, etc.

CATHOS.

Ah! que voilà un air qui est passionné! Est-ce qu'on n'en meurt point?

MADELON.

Il y a de la chromatique là-dedans.

MASCARILLE.

Ne trouvez-vous pas la pensée bien exprimée dans le chant? *Au voleur! au voleur! au voleur!* Et puis comme si l'on criait bien fort, *au, au, au, au, au voleur!* Et tout d'un coup, comme une personne essoufflée, *au voleur!*

MADELON.

C'est là savoir le fin des choses, le grand fin, le fin du fin. Tout est merveilleux, je vous assure; je suis enthousiasmée de l'air et des paroles.

CATHOS.

Je n'ai encore rien vu de cette force-là.

MASCARILLE.

Tout ce que je fais me vient naturellement; c'est sans étude.

MADELON.

La nature vous a traité en vraie mère passionnée, et vous en êtes l'enfant gâté.

MASCARILLE.

A quoi donc passez-vous le temps, mesdames?

CATHOS.

A rien du tout.

MADELON.

Nous avons été jusqu'ici dans un jeûne effroyable de divertissement.

MASCARILLE.

Je m'offre à vous mener un de ces jours à la comédie, si vous voulez; aussi bien on en doit jouer une nouvelle que je serai bien aise que nous voyions ensemble.

MADELON.

Cela n'est pas de refus.

MASCARILLE.

Mais je vous demande d'applaudir comme il faut quand nous serons là; car je me suis engagé de faire valoir la pièce, et l'auteur m'en est venu prier encore ce matin. C'est la coutume ici qu'à nous autres gens de cette condition, les auteurs viennent lire leurs pièces nouvelles pour nous engager à les trouver belles et leur donner de la réputation; et je vous laisse à penser si, quand nous disons quelque chose, le parterre ose nous contredire. Pour moi j'y suis fort exact; et quand j'ai promis à quelque poëte, je crie toujours: « Voilà qui est beau! » devant que les chandelles soient allumées.

MADELON.

Ne m'en parlez point, c'est un admirable lieu que Paris; il s'y passe cent choses tous les jours qu'on ignore dans les provinces, quelque spirituelle qu'on puisse être.

CATHOS.

C'est assez ; puisque nous sommes instruites, nous ferons notre devoir de nous écrier comme il faut sur tout ce qu'on dira.

MASCARILLE.

Je ne sais si je me trompe ; mais vous avez toute mine d'avoir fait quelque comédie.

MADELON.

Hé! il pourrait être quelque chose de ce que vous dites.

MASCARILLE.

Ah! ma foi, il faudra que nous la voyions. Entre nous, j'en ai composé une que je veux faire représenter.

CATHOS.

Hé! à quels comédiens la donnerez-vous?

MASCARILLE.

Belle demande! Aux grands comédiens de l'hôtel de Bourgogne ; il n'y a qu'eux qui soient capables de faire valoir les choses ; les autres sont des ignorants, qui récitent comme l'on parle ; ils ne savent pas faire ronfler les vers et s'arrêter au bel endroit. Et le moyen de connaître où est le beau vers, si le comédien ne s'y arrête, et ne nous avertit par là qu'il faut faire le brouhaha?

CATHOS.

En effet, il y a manière de faire sentir aux auditeurs les beautés d'un ouvrage ; et les choses ne valent que ce qu'on les fait valoir.

MASCARILLE.

Que vous semble de ma petite oie? La trouvez-vous congruente à l'habit?

CATHOS.

Tout à fait.

MASCARILLE.

Le ruban en est bien choisi.

MADELON.

Furieusement bien. C'est Perdrigeon tout pur.

MASCARILLE.

Que dites-vous de mes canons?

MADELON.

Ils ont tout à fait bon air.

MASCARILLE.

Je puis me vanter au moins qu'ils ont un grand quartier plus que tous ceux qu'on fait.

MADELON.

Il faut avouer que je n'ai jamais vu porter si haut l'élégance de l'ajustement.

MASCARILLE.

Attachez un peu sur ces gants la réflexion de votre odorat.

MADELON.

Ils sentent terriblement bon.

CATHOS.

Je n'ai jamais respiré une odeur mieux conditionnée.

MASCARILLE.

Et celle-là? (*Il donne à sentir les cheveux poudrés de sa perruque.*)

MADELON.

Elle est tout à fait de qualité; le sublime en est touché délicieusement.

MASCARILLE.

Vous ne me dites rien de mes plumes? Comment les trouvez-vous?

CATHOS.

Effroyablement belles.

MASCARILLE.

Savez-vous que le brin me coûte un louis d'or? Pour moi, j'ai cette manie de vouloir donner généralement sur tout ce qu'il y a de plus beau.

MADELON.

Je vous assure que nous sympathisons vous et moi. J'ai une délicatesse furieuse pour tout ce que je porte; et, jusqu'à mes chaussettes, je ne puis rien souffrir qui ne soit de la bonne ouvrière.

MASCARILLE, *s'écriant brusquement.*

Ahi! ahi! ahi! doucement. Dieu me damne,

mesdames! c'est fort mal en user; j'ai à me plaindre de votre procédé : cela n'est pas honnête.

CATHOS.

Qu'est-ce donc? qu'avez-vous?

MASCARILLE.

Quoi! toutes deux contre mon cœur en même temps! M'attaquer à droite et à gauche? Ah! c'est contre le droit des gens; la partie n'est pas égale, et je m'en vais crier au meurtre.

CATHOS.

Il faut avouer qu'il dit les choses d'une manière particulière.

MADELON.

Il a un tour admirable dans l'esprit.

CATHOS.

Vous avez plus de peur que de mal, et votre cœur crie avant qu'on l'écorche.

MASCARILLE.

Comment diable! il est écorché depuis la tête jusqu'aux pieds.

SCÈNE XI

CATHOS, MADELON, MASCARILLE, MAROTTE.

MAROTTE.

Madame, on demande à vous voir.

MADELON.

Qui?

MAROTTE.

Le vicomte de Jodelet.

MASCARILLE.

Le vicomte de Jodelet?

MAROTTE.

Oui, Monsieur.

CATHOS.

Le connaissez-vous?

MASCARILLE.

C'est mon meilleur ami.

MADELON.

Faites entrer vivement.

MASCARILLE.

Il y a quelque temps que nous ne nous sommes vus, et je suis ravi de cette aventure.

CATHOS.

Le voici.

SCÈNE XII

CATHOS, MADELON, MASCARILLE, JODELET, MAROTTE, ALMANZOR.

MASCARILLE.

Ah ! vicomte !

JODELET. (*Ils s'embrassent l'un l'autre.*)

Ah ! marquis !

MASCARILLE.

Que je suis aise de te rencontrer !

JODELET.

Que j'ai de joie de te voir ici !

MASCARILLE.

Baise-moi donc encore un peu, je te prie.

MADELON, *à Cathos.*

Ma toute bonne, nous commençons d'être connues; voilà le beau monde qui prend le chemin de nous venir voir.

MASCARILLE.

Mesdames, agréez que je vous présente ce gentilhomme-ci ; sur ma parole, il est digne d'être connu de vous.

JODELET.

Il est juste de venir vous rendre ce qu'on vous doit; et vos attraits exigent leurs droits seigneuriaux sur toutes sortes de personnes.

MADELON.

C'est pousser vos civilités jusqu'aux derniers confins de flatterie.

CATHOS.

Cette journée doit être marquée dans notre almanach comme une journée bienheureuse.

MADELON, *à Almanzor.*

Allons petit garçon, faut-il toujours vous répéter les choses? Voyez-vous pas qu'il faut le surcroît d'un fauteuil?

MASCARILLE.

Ne vous étonnez pas de voir le vicomte de la sorte; il ne fait que sortir d'une maladie qui lui a rendu le visage pâle comme vous le voyez.

JODELET.

Ce sont fruits des veilles de la cour et des fatigues de la guerre.

MASCARILLE.

Savez-vous, mesdames, que vous voyez dans le vicomte un des vaillants hommes du siècle? C'est un brave à trois poils.

JODELET.

Vous ne m'en devez rien, marquis, et nous savons ce que vous savez faire aussi.

MASCARILLE.

Il est vrai que nous nous sommes vus tous deux dans l'occasion.

JODELET.

Et dans des lieux où il faisait fort chaud.

MASCARILLE, *regardant Cathos et Madelon.*

Oui, mais non pas si chaud qu'ici. Hi! hi! hi!

JODELET.

Notre connaissance s'est faite à l'armée; et la première fois que nous nous vîmes, il commandait un régiment de cavalerie sur les galères de Malte.

MASCARILLE.

Il est vrai : mais vous étiez pourtant dans l'emploi avant que j'y fusse; et je me souviens que je n'étais que petit officier encore, que vous commandiez deux mille chevaux.

JODELET.

La guerre est une belle chose : mais, ma foi! la cour récompense bien mal aujourd'hui les gens de service comme nous.

MASCARILLE.

C'est ce qui fait que je veux pendre l'épée au croc.

CATHOS.

Pour moi, j'ai un furieux tendre pour les hommes d'épée.

MADELON.

Je les aime aussi : mais je veux que l'esprit assaisonne la bravoure.

MASCARILLE.

Te souviens-tu, vicomte, de cette demi-lune que nous emportâmes sur les ennemis au siége d'Arras?

JODELET.

Que veux-tu dire, avec ta demi-lune? C'était bien une lune tout entière.

MASCARILLE.

Je pense que tu as raison.

JODELET.

Il m'en doit bien souvenir, ma foi! j'y fus blessé à la jambe d'un coup de grenade, dont je porte encore les marques. Tâtez un peu, de grâce; vous sentirez quel coup c'était là.

CATHOS, *après avoir touché l'endroit.*

Il est vrai que la cicatrice est grande.

MASCARILLE.

Donnez-moi un peu votre main, et tâtez celui-ci : là, justement au derrière de la tête. Y êtes-vous?

MADELON.

Oui, je sens quelque chose.

MASCARILLE.

C'est un coup de mousquet que je reçus la dernière campagne que j'ai faite.

JODELET, *découvrant sa poitrine.*

Voici un autre coup qui me perça de part en part à l'attaque de Gravelines.

MASCARILLE, *mettant la main sur le bouton de son haut-de-chausse.*

Je vais vous montrer une furieuse plaie.

MADELON.

Il n'est pas nécessaire, nous le croyons sans y regarder.

MASCARILLE.

Ce sont des marques honorables, qui font voir ce qu'on est.

CATHOS.

Nous ne doutons pas de ce que vous êtes.

MASCARILLE.

Vicomte, as-tu là ton carrosse?

JODELET.

Pourquoi?

MASCARILLE.

Nous mènerions promener ces dames hors des portes, et leur donnerions un cadeau.

MADELON.

Nous ne saurions sortir aujourd'hui.

MASCARILLE.

Ayons donc les violons pour danser.

JODELET.

Ma foi, c'est bien avisé.

MADELON.

Pour cela, nous y consentons : mais il faut donc quelque surcroît de compagnie.

MASCARILLE.

Holà, Champagne, Picard, Bourguignon, Casquaret, Basque, La Verdure, Lorrain, Provençal, La Violette. Au diable soient tous les laquais! Je ne pense pas qu'il y ait un gentilhomme en France plus mal servi que moi. Ces canailles me laissent toujours seul.

MADELON.

Almanzor, dites aux gens de monsieur le marquis qu'ils aillent quérir des violons, et nous faites venir ces messieurs et ces dames d'ici près pour peupler la solitude de notre bal.

(Almanzor sort.)

MASCARILLE.

Vicomte, que dis-tu de ces yeux?

JODELET.

Mais toi-même, marquis, que t'en semble?

MASCARILLE.

Moi, je dis que nos libertés auront peine à sortir d'ici les braies nettes. Au moins, pour moi, je reçois d'étranges secousses, et mon cœur ne tient plus qu'à un filet.

MADELON.

Que tout ce qu'il dit est naturel! Il tourne les choses le plus agréablement du monde.

CATHOS.

Il est vrai qu'il fait une furieuse dépense en esprit.

MASCARILLE.

Pour vous montrer que je suis véritable, je veux faire un impromptu là-dessus. (*Il médite.*)

CATHOS.

Hé! je vous en conjure de toute la dévotion de mon cœur, que nous ayons quelque chose qu'on ait fait pour nous.

JODELET.

J'aurais envie d'en faire autant : mais je me trouve un peu incommodé de la veine poétique pour la quantité de saignées que j'y ai faites ces jours passés.

MASCARILLE.

Que diable est-ce là! Je fais toujours bien le premier vers, mais j'ai peine à faire les autres. Ma foi, ceci est un peu trop pressé; je vous ferai un impromptu à loisir, que vous trouverez le plus beau du monde.

JODELET.

Il a de l'esprit comme un démon.

MADELON.

Et du galant, et du bien tourné.

MASCARILLE.

Vicomte, dis-moi un peu, y a-t-il longtemps que tu n'as vu la comtesse?

JODELET.

Il y a plus de trois semaines que je ne lui ai rendu visite.

MASCARILLE.

Sais-tu bien que le duc m'est venu voir ce matin, et m'a voulu mener à la campagne courir un cerf avec lui?

MADELON.

Voici nos amies qui viennent.

SCÈNE XIII

LUCILE, CÉLIMÈNE, CATHOS, MADELON, MASCARILLE, JODELET, MAROTTE, ALMANZOR, VIOLONS.

MADELON.

Mon dieu! mes chères, nous vous demandons pardon. Ces messieurs ont eu fantaisie de nous donner les âmes des pieds, et nous vous avons envoyé quérir pour remplir les vides de notre assemblée.

LUCILE.

Vous nous avez obligées sans doute.

MASCARILLE.

Ce n'est ici qu'un bal à la hâte ; mais, l'un de ces jours, nous vous en donnerons un dans les formes. Les violons sont-ils venus?

ALMANZOR.

Oui, Monsieur, ils sont ici.

CATHOS.

Allons donc, mes chères, prenez place.

MASCARILLE, *dansant lui seul comme par prélude.*

La, la, la, la, la, la, la, la.

MADELON.

Il a la taille tout à fait élégante.

CATHOS.

Et a la mine de danser proprement.

MASCARILLE, *ayant pris Madelon pour danser.*

Ma franchise va danser la courante aussi bien que mes pieds. En cadence, violons, en cadence. Oh! quels ignorants! Il n'y a pas moyen de danser avec eux. Le diable vous emporte! ne sauriez-vous jouer en mesure? La, la, la, la, la, la, la, la. Ferme. O violons de village!

JODELET, *dansant ensuite.*

Holà! ne pressez pas si fort la cadence, je ne fais que sortir de maladie.

SCÈNE XIV

DU CROISY, LAGRANGE, CATHOS, MADELON, LUCILE, CÉLIMÈNE, JODELET, MASCARILLE, MAROTTE, VIOLONS.

LA GRANGE, *un bâton à la main.*

Ah! ah! coquins, que faites-vous ici? Il y a trois heures que nous vous cherchons.

MASCARILLE, *se sentant battre.*

Ahi! ahi! ahi! vous ne m'aviez pas dit que les coups en seraient aussi.

JODELET.

Ahi! ahi! ahi!

LA GRANGE.

C'est bien à vous, infâmes que vous êtes, à vouloir faire l'homme d'importance!

DU CROISY.

Voilà qui vous apprendra à vous connaître

SCÈNE XV

CATHOS, MADELON, LUCILE, CÉLIMÈNE, MASCARILLE, JODELET, MAROTTE, VIOLONS.

MADELON.

Que veut donc dire ceci?

JODELET.

C'est une gageure.

CATHOS.

Quoi! vous laisser battre de la sorte!

MASCARILLE.

Mon dieu! je n'ai pas voulu faire semblant de rien, car je suis violent, et je me serais emporté.

MADELON.

Endurer un affront comme celui-là en notre présence!

MASCARILLE.

Ce n'est rien, ne laissons pas d'achever. Nous nous connaissons il y a longtemps, et entre amis on ne va pas se piquer pour si peu de chose.

SCÈNE XVI

DU CROISY, LA GRANGE, MADELON, CATHOS, CÉLIMÈNE, LUCILE, MASCARILLE, JODELET, MAROTTE, VIOLONS.

LA GRANGE.

Ma foi, marauds, vous ne vous rirez pas de nous, je vous le promets. Entrez, vous autres. *(Trois ou quatre spadassins entrent.)*

MADELON.

Quelle est donc cette audace de venir nous troubler de la sorte dans notre maison?

DU CROISY.

Comment, mesdames! nous endurerons que nos laquais soient mieux reçus que nous, qu'ils viennent vous faire l'amour à nos dépens et vous donner le bal?

MADELON.

Vos laquais?

LA GRANGE.

Oui, nos laquais; et cela n'est ni beau, ni honnête de nous les débaucher comme vous faites.

MADELON.

O ciel! quelle insolence!

LA GRANGE.

Mais ils n'auront pas l'avantage de se servir de nos habits pour vous donner dans la vue; et si vous voulez les aimer, ce sera, ma foi, pour leurs beaux yeux. Vite, qu'on les dépouille sur-le-champ.

JODELET.

Adieu notre braverie.

MASCARILLE.

Voilà le marquisat et la vicomté à bas.

DU CROISY.

Ah! ah! coquins, vous avez l'audace d'aller sur nos brisées! Vous irez chercher autre part de quoi vous rendre agréables aux yeux de vos belles, je vous en assure.

LA GRANGE.

C'est trop de nous supplanter, et de nous supplanter avec nos propres habits.

MASCARILLE.

O fortune, quelle est ton inconstance!

DU CROISY.

Vite, qu'on leur ôte jusqu'à la moindre chose.

LA GRANGE.

Qu'on emporte toutes ces hardes, dépêchez. Maintenant, mesdames, en l'état qu'ils sont, vous pouvez continuer vos amours avec eux tant qu'il vous plaira; nous vous laisserons toute sorte de liberté pour cela, et nous vous protestons, monsieur et moi, que nous n'en serons aucunement jaloux.

SCÈNE XVII

MADELON, CATHOS, JODELET, MASCARILLE, VIOLONS.

CATHOS.

Ah! quelle confusion!

MADELON.

Je crève de dépit.

UN DES VIOLONS, *à Mascarille.*

Qu'est-ce donc que ceci? Qui nous payera, nous autres?

MASCARILLE.

Demandez à monsieur le vicomte.

UN DES VIOLONS, *à Jodelet.*

Qui est-ce qui nous donnera de l'argent?

JODELET.

Demandez à monsieur le marquis.

SCÈNE XVIII

GORGIBUS, MADELON, CATHOS, JODELET, MASCARILLE, VIOLONS.

GORGIBUS.

Ah! coquines que vous êtes, vous nous mettez dans de beaux draps blancs, à ce que je vois! Je viens d'apprendre de belles affaires vraiment de ces messieurs et de ces dames qui sortent!

MADELON.

Ah! mon père, c'est une pièce sanglante qu'ils nous ont faite.

GORGIBUS.

Oui, c'est une pièce sanglante, mais qui est un effet de votre impertinence, infâmes. Ils se sont ressentis du traitement que vous leur avez fait; et cependant, malheureux que je suis, il faut que je boive l'affront.

MADELON.

Ah! je jure que nous serons vengées, ou que je mourrai en la peine. Et vous, marauds, osez-vous vous tenir ici après votre insolence?

MASCARILLE.

Traiter comme cela un marquis! Voilà ce que c'est que le monde; la moindre disgrâce nous fait mépriser de ceux qui nous chérissaient. Allons, camarade, allons chercher fortune autre part; je vois bien qu'on n'aime ici que la vaine apparence, et qu'on n'y considère point la vertu toute nue.

SCÈNE XIX

GORGIBUS, MADELON, CATHOS, VIOLONS.

UN DES VIOLONS.

Monsieur, nous attendons que vous nous contentiez à leur défaut pour ce que nous avons joué ici.

GORGIBUS, *les battant.*

Oui, oui, je vais vous contenter, et voici la monnaie dont je vous veux payer. Et vous, pendardes, je ne sais qui me tient que je en vous en fasse autant. Nous allons servir de fable et de risée à tout le monde, et voilà ce que vous vous êtes attiré par vos extravagances. Allez vous cacher, vilaines; allez vous cacher pour jamais. (*Seul.*) Et vous, qui êtes cause de leur folie, sottes billevesées, pernicieux amusements des esprits oisifs, romans, vers, chansons, sonnets et sonnettes, puissiez-vous être à tous les diables!

TABLE DES MATIÈRES

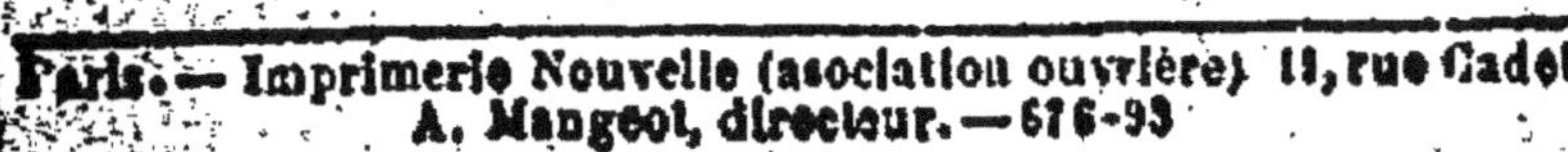
Paris. — Imprimerie Nouvelle (asociation ouvrière) 11, rue Cadet.
A. Mangeot, directeur. — 676-93

www.ingramcontent.com/pod-product-compliance
Lightning Source LLC
Chambersburg PA
CBHW070353090426
42733CB00009B/1396

* 9 7 8 2 0 1 2 1 8 2 9 0 5 *